DU

PAYEMENT DES DETTES

DANS LES SUCCESSIONS

AB INTESTAT, TESTAMENTAIRES ET CONTRACTUELLES

(DROIT FRANÇAIS).

DE LA

LITIS CONTESTATIO

ET

DE LA CONTESTATION EN CAUSE,

ÉTUDE HISTORIQUE DES PROCÉDURES ROMAINE, BARBARE,
FÉODALE ET COUTUMIÈRE.

DISSERTATIONS ,

Présentées à la Faculté de droit de Poitiers pour obtenir le grade de Docteur,

Et soutenues le mardi 5 août 1856, à 2 h. 1/2 du soir,

DANS LA SALLE DES ACTES PUBLICS DE LA FACULTÉ ,

PAR

Camille ARNAULT-MÉNARDIÈRE,

AVOCAT.

« Utinam modo conata efficere possim! rem
« enim magnam complexus sum et arduam; ac
« plurimi otii , quo maxime egeo. »
BRISSON , de Formulis, liv. VI.

POITIERS,
IMPRIMERIE DE A. DUPRÉ,
RUE DE LA MAIRIE, N° 18.

1856.

DU
PAYEMENT DES DETTES
DANS LES SUCCESSIONS
AB INTESTAT, TESTAMENTAIRES ET CONTRACTUELLES
(DROIT FRANÇAIS).

DE LA

LITIS CONTESTATIO
ET

DE LA CONTESTATION EN CAUSE,
ÉTUDE HISTORIQUE DES PROCÉDURES ROMAINE, BARBARE,
FÉODALE ET COUTUMIÈRE.

DISSERTATIONS
Présentées à la Faculté de droit de Poitiers pour obtenir le grade de Docteur,
Et soutenues le mardi 5 août 1856, à 3 h. 1/2 du soir,
DANS LA SALLE DES ACTES PUBLICS DE LA FACULTÉ,

PAR

Camille ARNAULT-MÉNARDIÈRE,
AVOCAT.

« Utinam modo conata efficere possim ! rem
» enim magnam complexus sum et arduam ac
» plurimi otii, quo maxime egeo. »
BRISSON, de Formulis, liv. VI.

POITIERS,
IMPRIMERIE DE A. DUPRÉ,
RUE DE LA MAIRIE, N° 10.

1856.

COMMISSION :

PRÉSIDENT, M. FOUCART ✿.

SUFFRAGANTS,
- M. PERVINQUIÈRE (A.) ✿,
- M. RAGON,
- M. LEPETIT,
- M. MINIER,

} Professeurs.

} Suppléants.

Vu par le doyen président de la thèse, FOUCART ✿.

Vu pour le recteur empéché,

L'inspecteur, AUDINET ✿.

Les visas exigés par les règlements sont une garantie des principes et des opinions relatives à la religion, à l'ordre public et aux bonnes mœurs (statut du 9 avril 1825, art. 41), mais non des opinions purement juridiques, dont la responsabilité est laissée au candidat.

Le candidat répondra en outre aux questions qui lui seront faites sur les autres matières de l'enseignement.

DU

PAYEMENT DES DETTES

DANS LES SUCCESSIONS.

———

DE LA TRANSMISSION HÉRÉDITAIRE DES ACTIONS.

La transmission héréditaire des actions et des obligations est un des principaux fondements de la société civile. C'est par elle que les générations qui se suivent, se remplacent et se continuent. Dans l'ordre civil, l'homme ne meurt pas, il se survit pour l'exercice de ses droits et le payement des obligations qu'il a contractées. C'est par l'hérédité que ce résultat est obtenu. « *Nihil aliud est hæreditas quam successio in universum* » *jus quod defunctus habuit tempore mortis* (1). » Les engagements qui résultent des conventions, des tutelles, des curatelles, de l'administration des affaires des communautés, sont des « liens dont Dieu s'est servi pour maintenir la société des » hommes dans tous les lieux, comme la nature des successions est d'en maintenir la durée dans tous les temps (2). »

S'il était nécessaire de rechercher un fondement historique à ce principe de droit naturel, on le trouverait facilement dans la sollicitude des Romains pour le culte des dieux lares et la conservation du foyer domestique (3).

(1) L. 24, D. *de Verb. Sig.* — L. 62, D. *de Reg. juris.*
(2) Domat, deuxième partie, *Des successions*, préface, § 1er.
(3) «.... Ut essent qui sacra facerent quorum, illis temporibus, summa observatio fuit...» Gaius, *Comm.*, II, § 55.—Savigny, *Traité*, t. III, p. 16.—Berriat St-Prix, *Revue*, 1852, p. 170.

1

GÉNÉRALISATION.

Sommaire.

Principe général du droit de succession; il ne s'applique qu'aux droits que l'homme exerce sur ses biens. — Division des successeurs à titre particulier et à titre universel; subdivision du droit français. — Successeurs à la personne, successeurs aux biens. — Principe de la saisine : point de départ de l'obligation aux dettes. — Successeurs appelés par la loi, par un testament, par un contrat. — Obligation aux dettes *ultrà vires*. — Du bénéfice d'inventaire. — Charges diverses des successions. — De la contribution et de l'obligation aux dettes. — Division de la matière.

Au point de vue de la théorie des successions, les droits semblent une substance permanente susceptible de se transmettre activement et passivement à une suite d'individus qui se remplacent et se continuent les uns les autres. Il n'y a de changé que le sujet du droit; l'identité du droit lui-même persiste. Le droit du successeur se confond avec le droit antérieur, sans interruption dans le temps; il en découle comme conséquence, il s'y rattache comme à sa condition. Nous aurons l'occasion de remarquer que ce principe abstrait du droit de succession, consacré par les lois romaines (1), inconnu au temps où le *cest* et le *decest* étaient pratiqués à la rigueur, a été complétement réalisé par la saisine des pays coutumiers et du droit moderne (2).

En droit romain, certains rapports de famille affectaient un caractère de propriété, qui les rendait susceptibles d'en-

(1) L. 37, D. *de Adq. vel om. hered.* «... Quasi continuatur dominium.... » § 3, Inst. *de Hered. quæ ab intest*. — «.... Possessio continuatur heredi.... » § 12, Inst. *de Usucap.*

(2) Le mort saisit le vif. Loysel, l. II, tit. v, *Rég.* 1re. — Art. 1220 et 724 C. Nap.

trer dans la succession (1). Parmi nous, les droits que l'homme exerce sur ses biens sont seuls assez indépendants de la personne pour rester identiques, quand le sujet de ces droits est changé. Le principe de l'hérédité ne s'applique donc qu'aux biens appartenant au défunt au moment de sa mort (2). Il faut même en excepter ceux qui, d'après leur titre ou d'après une disposition spéciale des lois, sont tellement inhérents à la personne du défunt, qu'ils ne sont pas même susceptibles d'être transmis à ses héritiers (5).

Ici se place la grande division des successeurs en successeurs à titre particulier et en successeurs à titre universel.

Le successeur à titre particulier n'acquiert de droit que sur un bien déterminé, ou sur plusieurs transmis isolément. La succession à titre universel, au contraire, porte sur tous les biens considérés comme un ensemble juridique, abstraction faite des droits particuliers qui les composent (4).

Elle pourrait bien ne comprendre qu'une portion déterminée des biens, comme fraction de l'ensemble total ; mais ce qui la caractérise, c'est qu'elle ne porte sur les biens particuliers que médiatement, et seulement comme sur les parties de l'universalité, qui forme l'objet propre de son droit.

Le droit romain et l'ancienne jurisprudence n'avaient pas poussé cette division plus loin (5). Il en était de même du

_____

(1) Savigny, *Traité*, t. III, p. 11. — L'institution des esclaves héritiers nécessaires nous montre que les Romains avaient compris l'*existimatio* dans les biens que recevait le successeur *in universum jus.* — *Rev. de législ.*, 1856, p. 327.

(2) Art. 329, 330 — C. Nap. —

(3) Art. 352, 717, 951. — 617, 625. — 957. — Chabot, sur l'art. 724. — Merlin, *Rép.*, v° *Hérit.*, sect. VII, n° 2.

(4) Hereditas sive illo corpore juris intellectum habet. L. 50, D. *de Heredit. petit.* — § 2, Inst.. *De reb. incorp.*

(5) *Successores* autem non solum *qui in universa bona* succe-

projet du Code. Mais, un moment arrêtée par les difficultés, qui s'élèvent quand les héritiers du sang et des légataires *per universitatem* sont en présence, la section de législation du conseil d'Etat fut conduite à distinguer les légataires de quotité, ou à titre universel, des légataires universels (1). Cette distinction était surtout importante au point de vue de la théorie de la saisine et de la continuation civile de la personne du défunt.

A ce point de vue, le plus important de tous et le plus fécond en conséquences pour l'étude qui doit nous occuper, tous les successeurs se divisent en deux grandes classes : successeurs saisis, c'est-à-dire investis, dès le moment du décès et par la seule force de la loi, de la propriété et possession de tous les biens, droits et actions du défunt; successeurs non saisis, c'est-à-dire enrichis du droit lui-même, mais non de son exercice, et contraints d'en obtenir délivrance de la justice ou des personnes saisies par la loi. Ceux-là sont les continuateurs de la personne du défunt, ceux-ci ne sont que de nouveaux propriétaires de ses biens.

Ce n'était pas à la saisine, qui lui était inconnue, que le droit romain avait rattaché la continuation de la personne, c'était au titre d'héritier. Le *heres extraneus* devenait, du moment de l'adition d'hérédité et rétroactivement au jour de la mort (2), continuateur de la personne du défunt.

dunt, sed et hi *qui in rei tantum dominium* successerint.... L. 24, § 1, *de Damno infecto.* — L. 37 *de Adq. v. o. hered.* — L. 3, § 1, *de Exc. rei vend.* — L. 1, § 13, *Quod legat.* — Pothier, *Donat. testum.*, ch. 11, sect. 1re, § 2; *Succession*, ch. v, art. 3, § 4. — Ricard, *Donations*, 3e part., n° 1526 et suiv.

(1) Fenet, t. xii, p. 384, 387, 432.

(2) Heres, quandoque, adeundo hereditatem, jam tunc a morte successisse defuncto intelligitur. L. 54, D. *de Adq. v. o. hered.*; l. 138, 193, D. *de R. J.* «.... Quasi CONTINUATUR dominium....» § 3, Inst. *de Hered. quæ ab intest.* — § 12, Inst. *de Usucap.*

Ce n'est pas que l'héritier qui a fait adition puisse, non plus que le *suus heres*, être pleinement assimilé au défunt ; ils sont investis des droits, mais ils n'ont pas la possession des biens. Indépendante du *dominium*, la *possessio* ne se continue pas sur la tête de l'héritier (1) ; elle est de fait, et l'adition pure et simple ne peut la conférer (2) ; mais l'intervention du juge, commandée par les conditions particulières de la possession, laisse intact le principe de la continuation de la personne.

De même, dans l'ancienne jurisprudence, qui reconnaît certains successeurs saisis, et ne représentant pas la personne (3), on peut encore distinguer la saisine de la continuation civile. — Pour nous, elles semblent se confondre. Elles sont assimilées par le Code. (Art. 1220 C. Nap.)

Il n'y a que les successeurs saisis qui continuent la personne, et c'est ce qui nous explique comment *l'obligation d'acquitter toutes les charges de la succession* (conséquence de la continuation de la personne) est indiquée par l'art. 724 C. Nap. comme une condition expresse de la saisine elle-même.

Quelques jurisconsultes, assimilant les effets de l'acceptation avec ceux de l'adition d'hérédité, ont reproduit sous notre Code la doctrine des anciens auteurs et d'un grand nombre de coutumes. Ils croient la saisine suspendue jusqu'à ce qu'intervienne une acceptation expresse ou tacite de la part de l'héritier (4). Cette condition suspensive qu'ils imposent aux effets de la saisine n'a d'autre but que de donner à l'obligation

(1) L. 3, D. *de Adq. r. om. possess.* — Furgole, ch. 10, n° 12.

(2) Voët, *Ad Pandectas, de adq. rel om. hered.*, n° 18. —Furgole, ch. x, n° 10.

(3) Merlin, v° *Héritier*, sect. 1re, § 2, n° 3.

(4) Lebrun, 3e partie, ch. 1er, nos 35 et 36. — Pothier, ch. III, sect. II. — Merlin, *Rép.*, v° *Success.*, sect. 1re. — Ferrière, *Cout. de Paris*, art. 316, § 5. — Merlin, *Rép.*, v° *Héritier*, sect. II, § 2, n° 3. — Cout. de Poitou, art. 278. —Placités de Normandie, art. 43.

aux dettes héréditaires l'acceptation elle-même, et non la saisine pour point de départ : « Avant que de se rendre héritier
» par une acceptation précise ou par quelque autre acte d'héri-
» tier, on n'est pas *saisi passivement* (1). » Il est fort utile à la
théorie de rétablir la vérité sur ce point (2), et de montrer que
l'acceptation ne fait que rendre incommutable une qualité
jusque-là résoluble. La renonciation, qui ne se présume
pas (784), opère en effet comme une condition résolutoire.
Alors qu'il a été réellement héritier, le successible qui renonce est censé ne l'avoir jamais été. A la différence de
l'adition par laquelle l'héritier va chercher la succession,
la saisine, par la force de la loi, vient activement et passivement investir l'héritier. Aussi, dès le moment du décès,
l'héritier saisi peut être assigné par les créanciers héréditaires.
Il n'a d'autres ressources que d'opposer une exception dilatoire (art. 174 C. pr. civ.), s'il est encore dans les délais pour
faire inventaire et délibérer. S'il ne l'oppose pas, on, dans
tous les cas, si les délais sont expirés, il sera, sans acceptation
de sa part et par cela seul qu'il n'aura pas renoncé ou accepté
bénéficiairement, condamné comme héritier pur et simple (3).
« Aucun n'est recevable de soy dire n'être héritier d'aucun,
» s'il ne répudie et renonce expressément à sa succession (4). »
Tant il est vrai que la saisine l'avait investi du titre d'héritier.

Pour nous, l'art. 724 répudie toute distinction entre la
saisine active et la saisine passive; il les confond, et il nous
suffit pour faire, non de l'acceptation, mais de la saisine, le

(1) Lebrun, *loc. cital.* — Hureaux, *Rev. crit.*, 1856, p. 323.
(2) Interprétation de l'art. 789.
(3) Comme dans quelques coutumes citées par Merlin, v° *Héritier,*
loc. cital. — Demante, *Cours analyt,* n° 21 bis, VII.
(4) Coutume d'Auvergne, ch. 12, art. 54.—Coutume de la Marche,
art. 256.

point de départ de l'obligation des héritiers au payement des
dettes du défunt.

On peut être appelé à une hérédité soit par la loi, soit en
vertu d'une disposition du défunt. Cette disposition, le plus
souvent, sera manifestée par un TESTAMENT, déclaration unila-
térale de volonté révocable jusqu'à la mort de celui dont elle
émane ; quelquefois, en faveur du mariage, elle prendra la
forme d'une disposition à cause de mort et le nom d'INSTITUTION
CONTRACTUELLE. Comme on peut dire que « la loi qui permet les
» testaments est comme une exception de la loi naturelle et gé-
» nérale qui appelle les proches aux successions (1), » et que
dans notre droit français la succession légitime est préférée,
c'est parmi les successeurs appelés par la loi que nous devrons
trouver le modèle des successeurs saisis et continuateurs de la
personne. Les héritiers proprement dits nous le fournissent.
C'est à eux principalement que doivent être appliqués nos raisonnements sur la saisine ; et quand, pour déterminer les obligations de chacun, nous étudierons les unes après les autres
les diverses sortes de successeurs appelés par la loi ou par la
volonté de l'homme, nous aurons à rechercher, en les comparant aux héritiers proprement dits, s'ils jouissent ou non
de la saisine légale. Si, comme dans le cas de l'art. 1006,
nous les trouvons saisis, nous les devrons proclamer obligés
aux dettes comme le défunt lui-même, dont ils tiennent la
place et continuent la personne.

Ce n'est pas que les successeurs non saisis ne doivent contribuer, aussi eux, à l'apurement du passif héréditaire ; s'ils
ne continuent pas la personne du défunt, du moins ils reçoivent ses biens, et ces biens leur passent grevés des dettes.
*Bona intelliguntur cujusque, quæ, deducto ære alieno, super-
sunt* (2).

(1) Domat, *Des success.*, préf , n° 10.
(2) L. 39, § 1, D. *de l'erbor. signif.*

Il est évident que les successeurs tenus des dettes comme continuateurs de la personne du défunt et ceux qui n'y sont tenus que comme simples successeurs aux biens sont soumis à des règles différentes. Les premiers, en effet, y sont obligés comme si elles avaient été par eux-mêmes contractées ; ils peuvent être poursuivis sur tous leurs biens mobiliers et immobiliers présents et à venir. Pour les seconds, au contraire, les dettes ne sont que charges des biens qu'ils reçoivent : ils n'en sont tenus que par suite d'une DÉDUCTION nécessaire..... DEDUCTO *ære alieno*..... Les premiers sont obligés même *ultra vires emolumenti* ; les seconds ne le sont jamais qu'*intrà vires*.

Il peut arriver cependant que l'obligation du continuateur de la personne se trouve restreinte à l'actif héréditaire. C'est une dérogation aux principes généraux et un bénéfice spécial. C'est de la loi elle-même que l'héritier tient le droit de se soustraire aux conséquences passives de la saisine (art. 774 Code Nap.). Justinien a introduit dans le droit ce *bénéfice d'inventaire*, « Ut in tantum hereditariis creditoribus teneantur, in » quantum res substantiæ ad eos devolutæ valeant :.... et nihil » ex sua substantia penitùs heredes amittant ; ne dum lucrum » facere sperant, in damnum incidant (1). » Les conditions de ce bénéfice ont pu varier, mais ses effets et son application sont restés identiques.

Toutes les charges, qui grèvent les successions, ne doivent pas être assimilées ; les frais funéraires, les frais de scellés, d'inventaire et de partage, les rentes, les hypothèques, les legs, sont des charges de la succession, comme les dettes que le défunt aurait contractées (2). Pour l'acquittement de toutes ces charges, on suit des règles différentes. Les anciens auteurs (3)

(1) L. 22, § 4, Cod. Just. *de Jure deliberandi.*
(2) L. 40, D. *de Oblig. et act.*
(3) Ferrière, *Cout. de Paris,* art. 334, glose 1re, § 4.—Merlin, *Rép.,* v° *Charges,* § 5.

les divisaient en trois classes : 1° charges de la succession ;
2° charges des héritiers ; 3° charges des héritages de la succession; et cette division peut encore nous servir pour déterminer
exactement la matière de cette étude.

Parmi les charges de la succession, après les dettes, qui
comprennent les rentes et les frais funéraires, il faut
compter les charges nées de la transmission même du patrimoine, c'est-à-dire les frais de scellés (art. 810, 1034
C. Nap.), d'inventaire (1482 C. Nap.) et de partage (1).
— L'assimilation de ces frais aux charges mêmes de la succession n'était pas mise en doute dans l'ancien droit (2), et il
en résulte qu'ils sont chargés de la succession, alors même
que, tous les héritiers étant majeurs, un seul d'entre eux aurait
exigé qu'il fût procédé à l'apposition des scellés et à l'inventaire (3). De même, quand, pour arriver à partage, il faut une
expertise, « despens faits doivent être taxés contre les deux
» parties, ores que l'une le requist et l'autre y contredist. Ainsi
» jugé par arrêt de Bourdeaux, le 10 novembre 1537 (4). »

Ces frais sont censés faits au profit de tous les héritiers et,
en certains cas, des créanciers de la succession. De là résulte
une différence importante avec les dettes de succession. Ils
constituent des frais de justice privilégiés (art. 2101 C. Nap.).
Souvent ils sont avancés par une des parties intéressées, et
alors ils sont remboursés, par privilége, sur l'argent comptant,
sur le prix du mobilier, et subsidiairement sur celui des immeubles. C'est un prélèvement qui doit passer avant l'acquittement de toutes les dettes personnelles des cohéritiers, « même
» au préjudice de l'hypothèque antérieure de la veuve de l'un

(1) Demante, *Cours analytique*, n° 205 *bis*, V.
(2) Ferrière, *Dict. de droit*, v° *Partage*, p. 308, col. 2.
(3 Caen, 22 fév. 1820 (Dalloz, *Jurisp. gén.*, n° 188).
(4) Papon, liv. xv, tit. 7, nomb. 3.

» d'eux (1). » Sauf cette différence, ces charges de la succession seront assimilées aux dettes et recevront l'application des principes que nous aurons à exposer (2).

Il n'en sera pas ainsi des charges des héritiers eux-mêmes. Les legs faits par le défunt sont principalement compris sous cette dénomination. Leur acquittement est l'objet d'une théorie toute spéciale (art. 925, 926, 1017 C. Nap.) que régissent les principes de la réserve. Une règle absolument contraire à celle du payement des dettes de succession la domine : les légataires ou les héritiers ne sont jamais tenus *ultrà vires* de l'acquittement des legs. Des arrêts de la grand'chambre du 28 mars 1626 et du 30 mars 1656 l'avaient depuis longtemps décidé, et, malgré la controverse soulevée par quelques-uns, notre droit a conservé cette règle de droit naturel : *Nemo liberalis debet esse ex alieno* (3). Alors donc, quand nous traiterons des dettes de succession, nous laisserons de côté les règles de l'acquittement des legs et des autres charges qui, comme les droits d'enregistrement et de mutation de propriété, sont spéciales aux héritiers (art. 1016, C. Nap.).

Certaines charges des successions peuvent être considérées comme charges des héritages de la succession. L'ancien droit y comptait au premier rang les rentes foncières non rachetables, les usufruits, les droits d'habitation (4), pour en charger

(1) Ferrière, *loc. cit.* Arrêt du Parl. de Paris, 31 janv. 1692, rapporté Augeard, t. 3, arrêt 19.

(2) Voir sur les frais de scellés, d'inventaire et de partage, le nouvel ouvrage de M. Dutruc, *Traité du partage de succession*, nos 154, 194, 469 et suiv.

(3) Ferrière, *Cout. de Paris*, art. 334, glose 1re, § 4. — Art. 802 C. Nap. — Demante, *Cours analytique*, no 24 bis, V. — Marcadé, art. 1017, II.

(4) Assimilés aux charges réelles (arrêt du 5 septembre 1587). Ferrière, *loc. cit.*

seul l'héritier des immeubles. Il nous semble que les droits
réels d'usufruit et d'habitation diminuent la succession de plein
droit. Aussi notre Code, qui a sur les rentes des dispositions
spéciales (art. 872 C. Nap.), et qui a fait disparaître les distinctions entre les successeurs aux meubles et aux immeubles,
ne peut-il considérer que les hypothèques comme charges particulières des héritages. Mais elles ne peuvent faire perdre aux
obligations qu'elles garantissent leur caractère de charges de la
succession, et ne changent rien aux obligations des héritiers
entre eux. Elles n'auraient d'autre effet que d'obliger plus
étroitement envers le créancier, celui dans le lot duquel tomberait l'immeuble spécialement hypothéqué.

Nous pouvons donc dire que, sauf le privilége accordé aux
frais funéraires, aux frais de justice et à ceux faits dans l'intérêt
commun des héritiers et des créanciers de l'hérédité, toutes
les charges de la succession, qui ne sont pas des legs, seront
assimilées pour le payement aux dettes proprement dites.

Seulement elles doivent être étudiées à un double point de
vue : il faut rechercher d'abord quels sont, parmi les successeurs, ceux qui doivent contribuer au payement des dettes du
défunt, c'est-à-dire en supporter définitivement leur part, et
ensuite quel est, contre chacun des contribuables, le droit de
poursuite des créanciers. La CONTRIBUTION aux dettes se détermine
relativement aux cohéritiers entre eux; l'OBLIGATION, seulement
à l'égard des créanciers de la succession; il a toujours été fort
important de les distinguer. En droit romain et dans l'ancienne jurisprudence, les exemples de cette distinction abon-
dent. On voit, dans le cas du sénatus-consulte Trébellien, l'héritier obligé *in solidum*, et contribuant *pro parte* (1) ; et
plusieurs coutumes obligent solidairement chacun des héritiers au payement des dettes personnelles (2). Dans notre droit,

(1) Gaius, *Comm.*, II, § 255.
(2) Merlin, *Rép.*, v° *Dettes*.

nous verrons combien diffère encore l'obligation aux dettes de la contribution qui s'opère entre les héritiers.

C'est la grande division de cette étude sur le payement des dettes de succession. Après avoir recherché, parmi les diverses espèces de successeurs dont nous avons déterminé les caractères, ceux qui sont obligés aux dettes, et comment ils y contribuent, nous passerons à l'obligation de répondre à l'action des créanciers et au droit de recours de l'héritier qui a payé plus que sa part contributoire. Cette division est constante dans les anciens auteurs et se retrouve, pour la loi elle-même, dans la section *Du payement des dettes* (art. 870 et suiv.); elle s'y applique particulièrement aux héritiers proprement dits. C'est aussi le cadre d'une étude qui doit comprendre tous les ordres de successeurs, puisque c'est aux héritiers proprement dits que nous devons rapporter, comme à un terme constant de comparaison, les autres successeurs appelés irrégulièrement ou anomalement par la loi, et aussi ceux appelés par un acte de volonté, testament ou contrat.

CHAPITRE Iᵉʳ.

DES DIVERS SUCCESSEURS QUI CONTRIBUENT AUX DETTES, ET DES RÈGLES DE LA CONTRIBUTION.

Sommaire.

Esprit d'unité de la loi des successions. — Il n'y a que le titre universel qui entraîne l'obligation aux dettes.

SECTION Iʳᵉ. — SUCCESSION AB INTESTAT.

§ 1. — *Héritiers proprement dits.* — De la division légale des dettes actives et passives. — Règles de la contribution. — Concours avec des

C'est surtout en matière de succession que la variété des institutions coutumières se montre avec ses complications et ses embarras. Les questions qui s'élevaient, quand le défunt laissait des biens dans le ressort de plusieurs coutumes, étaient véritablement innombrables(1). Il fallait reconnaître les héritiers *principaux*, les héritiers *simples*, distinguer les héritiers *mobiliers* des héritiers *immobiliers*, et subdiviser ceux-ci en *héritiers des propres* et *héritiers des acquêts.* Tantôt l'aîné prend son avantage à titre de prélegs (2), tantôt par ordre successif; tantôt, seul saisi de l'hérédité (3), il gagne tous les fruits jusqu'à ce que ses frères demandent partage. L'ordre naturel des successions était singulièrement perdu de vue par suite de la représentation, du double lien, des droits d'aînesse et de masculinité, de la distinction des meubles et des immeubles, des propres et des acquêts.

« Le Code civil a fait cesser toutes les bigarrures qu'offrait sur cette matière notre ancienne jurisprudence (4), » et nous

(1) Boullenois, *Traité des statuts réels et personnels*, t. 1, p. 281. — Basnage, art. 408.

(2) Cout. de Paris, art. 13. — Orléans, 89.

(3) Cout. de Normandie, art. 227, 350. — Cout. de Loudunois, art. 6, ch. 7.—Klimrath, *Disposition des Coutumes*, IV, 2°, compte jusqu'à treize systèmes principaux.

(4) Merlin, v° *Dettes*, § 6.

verrons se développer les conséquences d'un système logique et rationnel.

Un principe général le domine et dispense de contribuer aux dettes les successeurs appelés à titre particulier. Cette vocation particulière ne peut se rencontrer que dans les testaments. La vocation légale et l'institution contractuelle ne s'appliquent, nous pourrons nous en convaincre, qu'à des universalités. La volonté présumée du testateur, qui détermine une disposition testamentaire, est de transmettre un droit intact, pur, sans mélange d'obligation. L'ordre public n'a pas voulu forcer à estimer chacun des objets légués et à calculer la fraction qu'ils représentent dans la masse, pour arriver ainsi à des frais considérables et à un fractionnement exagéré des dettes. Enfin le légataire particulier, détenteur de biens déterminés, ne devait être chargé d'aucune part des dettes qui ne grèvent que l'universalité du patrimoine.

Si toutefois les legs particuliers excédaient le patrimoine recueilli par l'héritier, force serait bien de les réduire (1). Nous avons déjà fait connaître cette vérité, à peu près incontestable, que les legs ne sont pas dus *ultrà successionis vires*; mais cette réduction n'aurait rien de commun avec la contribution aux dettes.

Qu'arriverait-il si un légataire particulier avait été payé avant les créanciers d'une succession dont l'actif ne peut couvrir à la fois le legs et les dettes ? Il faudra distinguer suivant que la succession a ou non été acceptée sous bénéfice d'inventaire: dans le premier cas, les créanciers ne pouvant s'adresser à l'héritier, qui ne détient plus rien de l'actif héréditaire, auront, contre le légataire payé, un recours subsidiaire. Mais, dans le cas d'une acceptation pure et simple, l'action des créanciers peut toujours être dirigée contre l'héritier; le légataire n'est

(1) Art. 1024, C. Nap.

pas exposé à des poursuites de leur part : *suum recepit*. A la
vérité, si le légataire n'a été payé que parce que les dettes
héréditaires étaient ignorées de l'héritier, celui-ci pourra se
fonder sur son erreur et la nature du titre qui l'oblige pour
exercer contre le légataire une *condictio indebiti*. — Cette
répétition n'a d'autre objet que de réparer une erreur, et non
de faire contribuer le légataire particulier aux dettes héréditaires : il n'aurait pas été payé, si ces dettes avaient été connues
de l'héritier.

Le principe qui nous occupe est constant dans la jurisprudence, et, après avoir établi la position du légataire particulier (1), nous pouvons dire avec les anciens auteurs : « Il n'y
» a que le titre universel qui oblige personnellement aux
» dettes (2). » — Passons successivement en revue les successeurs divers auxquels ce titre est accordé.

SECTION Ire. — SUCCESSION AB INTESTAT.

§ I. *Héritiers proprement dits.* — Nous avons déjà fait connaître le caractère de la succession à titre universel, et montré
les héritiers proprement dits, comme étant par excellence successeurs universels, continuateurs de la personne, saisis de l'hérédité. Le partage qui doit intervenir entre les héritiers, s'ils
viennent plusieurs à la même succession, ne change rien à
leur titre de successeurs *in universum jus et causam*; il ne fait
que déterminer la quotité du patrimoine héréditaire qui doit
passer à chacun d'eux.

Chaque quotité du patrimoine apporte à celui qui l'obtient
une part de l'actif héréditaire grevée d'une part correspondante
des dettes.

(1) *V.* Demante, *Cours analytique*, n°s 133 *bis*, VI; 200 *bis*, II.
(2) Lebrun, *Successions*, liv. IV, ch. II, sect. 2, n° 50.

Il faut cependant distinguer entre les biens corporels de la succession et les dettes actives et passives qui en font partie. Les premiers restent indivis jusqu'au partage; les dernières, à moins qu'elles n'aient pour objet une chose ou un fait indivisible, ne sont jamais communes entre les héritiers. L'article 883 du C. Nap., en n'attribuant au partage qu'un effet déclaratif, nous force de l'attendre, pour savoir quels seront les droits de chacun des héritiers sur les biens corporels qui composent la succession. Pour les dettes, au contraire, dès le moment de l'ouverture de la succession, et en vertu de l'art. 1220, C. Nap., une division légale s'est opérée entre les héritiers, « qui ne peuvent demander la dette ou qui ne sont tenus de la » payer que pour les parts dont ils sont saisis ou dont ils sont » tenus comme représentant le créancier ou le débiteur. »

Ce sont les principes du droit romain, qui avait sur ce point un système complet, conséquence d'un principe de la loi des XII Tables : *Nomina inter heredes pro portionibus hereditariis ercta cita sunto.* Par la seule acceptation de la succession, chaque héritier acquiert le droit d'actionner les débiteurs pour sa part et portion, et de même il peut être poursuivi par les créanciers. Le partage est inutile en ce point, et les *nomina* ne sont pas compris dans les biens auxquels s'applique l'action *familiæ erciscundæ* (1).

Ce n'est pas à dire que le partage ne puisse, dans notre droit, comprendre les dettes actives de la succession. L'art. 832 C. Nap. commande au contraire de faire entrer, autant que possible, dans chaque lot « la même quantité de meubles, d'im- » menbles, de droits et *de créances.* » Les conventions des parties peuvent même déroger à la division légale des dettes

---

(1) ....Cessat familiæ erciscundæ judicium cum nihil in corporibus, sed omnia in nominibus sunt. L. 25, § 1, D. *Familiæ erciscundæ;* l. 4 pr. D. *eod. tit.;* l. 6, Cod. *eod. tit.*

passives, et l'art. 872 C. Nap. le démontre. De même, en droit romain, le testateur ou les héritiers entre eux pouvaient déroger à la division légale. Ces dérogations n'étaient obligatoires que pour les héritiers et sans aucune influence sur les débiteurs et les créanciers de la succession. Les créanciers conservaient contre chaque héritier les droits que la division légale leur a conférés (1), et l'héritier qui a vu la portion de créances, accordée à ses cohéritiers par la loi, augmenter la sienne, était, pour cet augment, considéré comme un cessionnaire de ses cohéritiers (2).—Le droit français a conservé les règles du droit romain en ce qui concerne les dettes passives, et l'art. 872 *in fine* suppose que les créanciers héréditaires conservent toujours le droit d'agir contre chacun des cohéritiers. Il s'en est écarté, au contraire, en ce qui concerne le partage conventionnel des créances. Sauf les droits définitivement et régulièrement acquis sous l'empire de la division légale, les principes de l'art. 883 C. Nap. s'appliquent aux créances, comme aux choses corporelles de l'hérédité (3). L'héritier sera censé avoir succédé seul et immédiatement à tous les effets et créances compris dans son lot (4).

Ces observations sur la division légale des créances et des dettes héréditaires sont communes à la théorie du droit de poursuite des créanciers et à celle de la contribution des cohéritiers débiteurs. Déjà nous avons montré dans l'art. 1220 C. Nap. la règle de l'obligation aux dettes ; nous ne pourrions y trouver aussi la règle que, pour la contribution, doivent

(1) L. 25, 26, Cod. *de Pactis.*—L. 3, pr. D. *de Transactionibus*; L. 60, § 2, D. *de Legatis*, 1°.

(2) L. 2, § 5 ; l. 3, D. *Familiæ erciscundæ.*

(3) Zachariæ, IV, p. 487, note ; Rodière et Pont, I, 357 ; Marcadé, art. 883, V. — *Contrà*, Duranton, VII, 163, 420, 519.

(4) *Comp.* Demante, *Cours analyt.*, n° 204.—Conséq. de cette division légale. Zachariæ, n° 635.

2

suivre les héritiers entre eux. Il vaut mieux citer la formule spéciale de l'art. 870 : « Les cohéritiers contribuent entre eux » au payement des dettes et charges de la succession *chacun* » *dans la proportion de ce qu'il y prend*. » Nous verrons en effet que la contribution de chaque héritier se diminue par le concours des autres successeurs à titre universel. La part héréditaire, qui sert de base aux règles des art. 875 et 1220, est au contraire fixée indépendamment du concours des simples successeurs aux biens.

Nous avons vu comment la qualité de successeurs universels oblige les héritiers au payement des dettes du défunt et comment leur titre de successeurs saisis et de continuateurs de la personne les oblige à ce payement, même *ultrà vires successionis*. Suivant nous, il n'en est pas ainsi des légataires universels, qui concourent avec des héritiers et ne représentent pas le défunt. Ceux-ci contribuent au payement des dettes. comme successeurs à titre universel, mais seulement au *prorata de leur émolument*, c'est-à-dire comme successeurs aux biens.

Le concours de ces successeurs d'ordres différents et d'obligation différente ne donnera pas lieu à beaucoup de difficultés si l'actif surpasse le passif héréditaire. Deux frères, par exemple, héritiers pour des parts égales, concourent avec un légataire à titre universel du tiers de l'hérédité ; chacun contribuera aux dettes pour un tiers, car chacun des cohéritiers ne *prend* qu'un tiers, et l'*émolument* du légataire est aussi du tiers.

Au contraire, les dettes ont absorbé et au delà l'actif héréditaire, il ne reste rien pour le légataire à titre universel ; son émolument est nul : il ne contribuera pas au payement de l'excédant du passif sur l'actif héréditaire. Que deviendra la portion de dettes qu'il ne payera pas? Alors la formule de la contribution *au prorata de ce que chacun prend*, se confond avec celle qui établirait la contribution au prorata de la part héréditaire.

Soit une succession, ayant 50,000 fr. d'actif et 45,000 fr. de dettes, échue aux trois personnes dont nous parlions tout à l'heure; le légataire prend 10,000 fr. dans l'actif, et paye, non pas 15,000 fr., le tiers des dettes, mais 10,000 fr. auxquels seulement il est tenu. Les deux héritiers, qui ont pris chacun un tiers dans l'actif, ont fourni 15,000 fr. chacun, pour l'apurement des dettes. Qui payera les 5,000 fr. qui restent encore ? les deux héritiers par égale portion. Ils sont tenus, en effet, *ultrà vires* proportionnellement à ce qu'ils prennent chacun. S'il n'y avait pas eu de légataire à titre universel, ils auraient recueilli 30,000 fr. et payé 45,000 fr. de dettes; le légataire universel leur enlève d'un côté 10,000 fr. de biens et paye de l'autre 10,000 fr. de dettes : la position des héritiers n'a pas changé.

Si un père et un frère concurremment sont appelés à une succession, le père prend un quart et le fils les trois quarts. S'il vient avec eux, en concours, un légataire à titre universel pour un quart, le père garde sa réserve d'un quart, et la part du fils se trouve réduite à une moitié de l'hérédité. Les dettes dépassent l'actif de la succession, le cas ne semble pas différent de celui qui précède : le légataire paye moins d'un quart des dettes; qui payera la différence entre sa contribution et ce quart? Non pas le père, qui, n'étant en aucun cas appelé à la succession que pour un quart, ne doit en aucun cas être tenu à plus du quart des dettes, mais le fils, qui avait une vocation aux trois quarts de la succession, et par suite aux trois quarts des dettes. Le légataire d'un quart, lui enlevant une somme de l'actif, a payé pour lui une somme égale du passif; ce qui reste des trois quarts des dettes retombe à la charge de celui qui était appelé aux trois quarts des biens (1).

Ces règles légales de la contribution peuvent être modifiées dans un partage conventionnel. Nous avons vu quels étaient

(1) *Comp.* Demante, *Cours analytique*, n° 205 *bis*, III et IV.

les effets des clauses de ce genre, soit à l'égard des créanciers de la succession, soit à l'égard des créanciers entre eux. Il y a un cas où une dérogation aux règles générales était commandée par l'intérêt de tous : c'est celui où un immeuble faisant partie de la succession à partager est grevé d'une hypothèque, destinée à garantir l'acquittement des arrérages d'une rente.

Si l'on suivait en effet les règles générales, il n'y aurait à suivre que l'une des deux voies que nous allons indiquer : ou bien le créancier de la rente, fractionnant sa dette, s'adresserait à chacun des héritiers pour se faire partiellement payer, ou bien l'héritier au lot duquel tomberait l'immeuble se verrait, à chaque terme, obligé de payer seul les arrérages, et de recourir contre ses cohéritiers pour recevoir la part fractionnée que chacun doit fournir. Ces deux voies sont également impraticables, et la loi a dû fournir le moyen d'éviter ces résultats.

Si l'un des héritiers l'exige, art. 872 C. Nap., « les rentes » seront remboursées et les immeubles rendus libres avant » qu'il soit procédé à la formation des lots. » Il est facile de voir que la disposition de cet article ne peut recevoir d'application que pour les rentes dont on peut opérer le remboursement immédiat. Pour les rentes viagères (art. 1979 C. Nap.), les rentes perpétuelles pour lesquelles on se trouve dans les trente ans (art. 530 C. Nap.), ou dans les dix ans, si elles ont été pendant ce temps stipulées irrachetables (art. 1911 C. Nap.), le remboursement est impossible. De même, si aucun des héritiers ne demande ce remboursement, il ne sera pas opéré. La loi, pour ces cas, indique la marche à suivre: l'immeuble hypothéqué ne sera compris dans le partage que pour une valeur estimative égale à sa valeur réelle, de laquelle on déduira le capital de la rente. L'héritier au lot duquel tombera l'immeuble est ainsi désintéressé par avance; il demeure seul chargé du service de la rente, et, comme si la loi ne voulait elle-même déroger à la division légale des dettes, le créancier de la rente conservera son droit d'agir contre tous les héritiers pour leur part et portion : action contre laquelle le nouveau propriétaire de l'immeuble hypothéqué les devra garantir.

Sur la première partie de cet art. 872 et sur le premier moyen qu'il propose, on demande si le remboursement de la rente pourrait être exigé, quand une hypothèque générale et non spéciale lui servait de garantie Les dangers à éviter sont les mêmes, et la discussion au conseil d'État ne permet pas de contester l'affirmative (1).

Un point également hors de conteste, c'est que l'art. 872 est spécial au cas où les immeubles sont grevés de rente, et ne pourrait être étendu à ceux où, par exemple, il s'agirait d'une dette à terme. — Ses dispositions cependant s'appliqueraient à des copartageants qui ne seraient pas des héritiers, comme à des légataires à titre universel, à des copartageants à titre de communauté ou de société.

§ II. *Successeurs irréguliers.* — Si l'on peut dire que notre Code n'a guère simplifié cette matière des successions irrégulières, on ne peut non plus guère comparer avec l'ancienne jurisprudence le système qu'il a suivi. Autrefois, en effet, on appelait *héritiers irréguliers :* l'abbé qui prend la cotte-morte, pécule délaissé par les religieux-curés; le seigneur haut justicier qui acquiert une échute, une bâtardise, une confiscation ou une déshérence, et enfin le roi qui, dans le dernier état du droit, succède, à l'exclusion des seigneurs hauts justiciers, aux biens délaissés par des aubains qui n'ont point obtenu de lettres de naturalisation (2).

Ces successeurs irréguliers jouissaient du bénéfice de la

(1) *V.* Fenet, XII, p. 76. Observations de M. Tronchet sur cet article 872, qui alors portait le n° 160.

(2) Pothier, *Succession,* ch. 6. — Lebrun, *eod.,* l. iv, ch. 2, sect. ii, n° 56. — Merlin, *Rép.,* v° *Héritier,* sect. 1re, § 2, n° 3.

saisine (1), et, chose remarquable, ils ne représentaient pas la
personne du défunt, « c'est-à-dire qu'ils ne sont tenus au
« payement de ses dettes et à l'entretien de ses obligations que
« jusqu'à concurrence de ce qu'ils ont amendé de ses
« biens (2). »

Aujourd'hui qu'il n'y a plus ni serfs, ni gens de mainmorte,
ni seigneurs, ni succession particulière pour les moines, il ne
reste de tous les successeurs irréguliers de l'ancienne jurisprudence que l'état auquel cette qualité puisse convenir.
L'art. 768 C. Nap. n'est qu'une conséquence des art. 539 et
713 du même Code : « .....*Intestatorum res qui sine legitimo*
« *hærede decesserint, fisci nostri rationibus vindicandas.....*(3).»

Déjà, dans l'ancienne jurisprudence, une autre succession
avait été appelée *irrégulière :* c'est celle en vertu de laquelle
le conjoint en légitime mariage succède à son conjoint mort
sans aucun héritier (4). C'est au droit romain que l'ancienne jurisprudence l'avait empruntée. Pour les mariages où
la femme était placée *in manu mariti*, il était inutile d'orga-
niser un droit spécial de succession : la femme succède au mari
comme une fille, *hæres sua*, lui aurait succédé, et le mari acquiert les biens de la femme comme il aurait acquis ceux de
son esclave ou de ses enfants. Dans les mariages libres, où
aucun lien de parenté n'existait entre les époux, il en était autrement, et le préteur créa pour eux la possession de biens
undè vir et uxor ; c'est ce titre successif, sanctionné par les
empereurs (5), conservé dans les lois barbares (6), qui s'est
perpétué dans les coutumes.

(1) Merlin, *loc. cital.* — Lebrun, *eod.*, liv. I, ch. 7, n° 39.
(2) Merlin, *loc. cital.*
(3) L. 1, Cod. Just. *de Bonis vacantibus.*
(4) Lebrun, *eod.*, liv. I, ch. 7, n° 1.
(5) Théodose et Valentinien. L. 1, Cod. Just. *Undè vir et uxor*,
an 427.
(6) La loi des Wisigoths avait admis une succession réciproque

On peut, sur ce point, les diviser en trois classes (1) : les unes décidaient qu'où « *il n'y auroit lignager capable à suc-céder, la femme succéderoit au mari, et le mari à la femme, plutost que lesdits biens soient dits vacans* (2) ; » d'autres (3) préfèrent le fisc au conjoint survivant ; d'autres enfin (4) arrivent indirectement à l'exclusion du conjoint. Les premières devinrent bientôt le droit commun de la France, et « nos auteurs français attestent que, dans les coutumes qui ne s'en sont pas expliquez, telle qu'est la nôtre, cette succession a été admise (5). »

Remarquons qu'elle saisit l'époux de plein droit ; qu'avec la saisine des héritiers du sang il n'y a de différence que pour la délivrance des legs (6) ; que « cette succession *undè vir et uxor* est une vraie succession,.... et le survivant... un vrai *héritier*... (7). » Notre Code a conservé cette succession ; mais il a pour elle des dispositions spéciales. C'est la loi elle-même qui la qualifie d'*irrégulière*, et cette dénomination seule nous montre, au point de vue de la saisine et du payement des dettes, quelles différences avec le droit ancien nous aurons à signaler.

Ce n'est pas seulement par les trois ordres d'héritiers légitimes que l'époux survivant sera écarté de la succession, mais aussi par une classe de successeurs complétement ignorée de la jurisprudence coutumière. La théorie du Code touchant les

entre les époux, quand il ne se présentait pas de parents du défunt plus proches que le septième degré.

(1) Lebrun, *loc. cit.*, nos 13 et 14.
(2) Cout. de Poitou, art. 299 ; cout. du Berry, t. 19, art. 8.
(3) Bourbonnais, art. 328.
(4) Normandie, art. 245 ; Maine, art. 286 ; Anjou, art. 268.
(5) Pothier, *Introd. au tit. XVII de la Cout. d'Orléans*, no 35.
(6) Lebrun, *loc. cit.*, nos 39 et 42.
(7) Pothier, *eod. loco.*

droits des enfants naturels sur les biens de leur père ou mère, et la succession aux enfants naturels décédés sans postérité, n'avait en effet dans l'histoire que de lointains et rares précédents.

On peut croire que longtemps en France on avait ignoré la distinction entre les enfants naturels et la descendance légitime. L'assise des bourgeois de Jérusalem nous dit que le père et la mère laisseront leurs biens à leurs enfants naturels, et que, s'ils ont une famille légitime, ils pourront, par une déclaration de volonté, les faire concourir avec elle (1). Il n'est pas moins constant que, sauf de rares coutumes qui suivaient le Sénatus-consulte Orphitien (2), l'ancien droit coutumier refuse aux enfants naturels toute espèce de droit de succession (3). « Le bastard n'est capable de succéder à ses père et « mère ou autres parens. »

Il en est bien autrement dans notre droit : les enfants naturels ne sont pas honorés du titre d'héritiers, mais ils forment, à côté de la famille légitime, avant l'État ou l'époux survivant, avant peut-être l'exercice du droit de réversion, un ordre spé-

(1) « S'il avien che un homo non maridato tien in casa sua una femina non maridata et giace con lei, et fa fioli, la rason et l'assisa « commanda chel padre in vita et in morte possa lassardi le sue heredità et li suoi beni, perche nè il padre nè la madre hanno altri fioli « legitimi; ma havendo ò il padre ò la madre altri fioli legitimi, non « lo può farese loro non consentono de lor apiacer, ma se loro consentono ben puol l'uno fratello haver quanto l'altro, de jure et consuetudine. » Assises, ch. 158. — Edit. Victor Foucher, p. 350, et les notes.

(2) § 3, Inst. de Senatus-consult. Orphitiano. — « En succession maternelle, n'y a bastard, tellement que les bastards, naturels tant seulement, succèdent à leur mère aussi bien qu'autres enfans procréés en léal mariage. » Valenciennes, art. 152 et 153. — Anc. cout. de St-Omer, tit. 1er, art. 21, les admettait à défaut d'enfants légitimes.

(3) Melun, art. 297. — Paris, art. 158. — Poitou, 297.

cial de successeurs. Ils sont toujours placés en dehors de la famille et au-dessous d'elle ; mais ils ont reçu un *droit aux biens ;* ils concourent avec les trois ordres de successions régulières (art. 757 C. Nap.) ; ils prennent l'universalité du patrimoine, à l'exclusion des autres successeurs irréguliers.

Les législateurs cherchaient à appeler *créance sur les biens* le droit que l'enfant naturel puise dans la loi nouvelle (1). L'expression eût mal fait connaître son droit de successeur aux biens, copropriétaire, dès le jour du décès, d'une part en nature déterminable par la voie du sort.

Ce successeur cependant n'a pas le bénéfice de la saisine. S'il vient en concours avec la famille légitime, il doit lui rendre hommage et lui demander délivrance (art. 1011 Code Nap.) ; s'il vient seul, il faut qu'il s'adresse à la justice pour se faire envoyer en possession (art. 724 C. Nap.), et lui demander la reconnaissance d'un titre qui ne se suffit pas à lui-même, comme celui des successeurs saisis.

L'ancienne jurisprudence était aussi ennemie des bâtards quand il était question de leur propre succession, que quand il s'agissait de les faire succéder. « C'était une maxime générale-
» ment reçue en France que le bâtard, fils d'une femme de
» corps d'un seigneur, appartenait à ce seigneur (2), » et dans le plus grand nombre des provinces ils étaient indistinctement traités comme serfs. Les coutumes en avaient tiré les conséquences (3) : la plus certaine et la plus durable fut celle qui attribuait les héritages du bâtard, décédé sans héritiers, aux seigneurs dans les seigneuries desquels ils étaient situés.

Ce droit des seigneurs, conquis en grande partie par les rois, s'était perpétué jusqu'à nous, et devait aussi lui disparaître.

(1) Première rédact. de l'art. 756, et observation de Cambacérès. Locré, t. x, p. 89.
(2) Brussel. *Usage général des fiefs*, liv. III, ch. XVII.
(3) Merlin, *Rép.*, vᵒ *Bâtard*, sect. 1ʳᵉ.

Si le *de cujus* laisse des descendants légitimes, ils recueilleront sa succession comme ils l'ont toujours recueillie ; s'il laisse en même temps des enfants naturels reconnus, le concours aura lieu dans les termes ordinaires du droit ; s'il ne laisse qu'une postérité naturelle, elle acquerra l'universalité de la succession, malgré même la survivance des père et mère qui auraient reconnu le défunt (1). A défaut absolu de postérité, les père et mère naturels succèdent (art. 765 C. Nap.) ; si ni le père ni la mère ne survivent, les biens passent aux frères et sœurs de l'enfant naturel décédé, suivant une distinction curieuse : tous les biens qu'il avait reçus de son père naturel, les actions en reprise ou le prix encore dû qui les représentent, seront attribués aux enfants légitimes de celui qui les a reconnus; tous les autres biens, aux frères et sœurs naturels du *de cujus* ou descendants d'eux.

Sauf les descendants légitimes de l'enfant naturel décédé, tous ceux que la loi appelle à recueillir ses biens sont des successeurs irréguliers. En vain appellerait-on *droit de retour*, le droit des enfants légitimes du père naturel qui a reconnu le *de cujus ;* ils prennent à titre irrégulier une fraction de la succession de celui-ci. Les successeurs de l'enfant naturel sont assujettis, comme lui-même, à la demande en délivrance ou à l'envoi en possession. Pour la plupart d'entre eux, comme pour le conjoint survivant et l'Etat, il est clair qu'il ne peut être question que de cette dernière formalité (2).

Aucun de ces successeurs irréguliers n'est saisi ; tous au contraire succèdent à une universalité. — Les conséquences de ces deux vérités nous sont connues ; ils contribuent aux dettes comme successeurs universels; ils n'y contribuent qu'au pro-

(1) *Contrà*, Duranton, t. vi, n° 336.
(2) Comp. Demante, *Cours analt.*, n° 89 *bis*, I.—Zachariæ, IV, p. 542, note 2.

rata de leur émolument comme successeurs non saisis (1).

Nous avons, en parlant des héritiers proprement dits, montré comment s'opère la contribution aux dettes, quand concourent entre eux des successeurs *in universum jus* et des successeurs aux biens.

§ III. *Succession anomale des ascendants*.—A côté du système de succession appuyé sur la grande division des successeurs en héritiers proprement dits et successeurs irréguliers, se rencontre la théorie d'une autre succession *ab intestat*. *Jure succursum est patri, ut filia amissa solatii loco cederet, si redderetur ei dos ab ipso profecta* (2), disait la loi romaine, et sa disposition a été le fondement du droit dont nous parlons.

Ce n'est pas le lieu de dire comment les principes du droit romain, suivis dans les pays de droit écrit (3), furent profondément modifiés dans les coutumes. C'est à celles-ci que notre droit a emprunté la théorie qu'il a suivie (4), et la jurisprudence coutumière, comme la nôtre, fait du droit de retour, accordé à l'ascendant donateur, un véritable droit de *succession anomale*. C'est ainsi que déjà l'avaient appelé les anciens auteurs (5).

Ce droit de succession s'exerce certainement sur une universalité. « Les ascendants *succèdent..... aux biens par eux donnés,... »* et ces biens sont une part de l'hérédité, comme

(1) « Tous seigneurs appréhendant biens d'aubains, bâtards et » serfs, seront sujets à payer leurs dettes à rate et proportion desdits » biens. » Cout. du Hainaut, ch. 125, art. 4, citée, Lebrun, liv. III, ch. 4, n° 78.

(2) L. 6, D. *de jure dotium*.

(3) ....Il fait revenir au donateur les biens donnés francs et exempts des hypothèques contractées par le donataire dans l'intervalle; il résout pareillement les aliénations.... Serres, *Institutions*, p. 182.

(4) Art. 313 Cout. de Paris. — 315 Cout. d'Orléans.—Art. 747 C. Nap. — Observat. de la Cour de Toulouse, Fenet, t. V, p. 577.

(5) Boucheul, *Conv. de succéder*, p. 183.

autrefois les propres comparativement aux meubles et aux acquêts. Il nous semble que les auteurs (1) qui ont enseigné qu'il s'agissait ici d'un droit exercé à titre particulier, *in re singulari*, se sont mépris en oubliant que, parfois, le droit de retour légal peut comprendre des objets recueillis eux-mêmes *per universitatem*, à titre de succession (2).

Mais cette universalité vient-elle enrichir un héritier continuateur de la personne ou un simple successeur aux biens? Il nous faut rechercher, pour le savoir, à quels donateurs cette succession anomale est accordée par la loi.

Le droit de retour est accordé aux ascendants légitimes; c'est pour eux qu'il a été introduit dans le droit; il est accordé au père adoptif, et notre Code fournit sur ce point des textes diserts; il est enfin accordé au père naturel qui aurait reconnu son enfant.

L'ancienne jurisprudence était sur ce point bien différente. La réversion n'était fondée que sur cette idée, que les donations dans la ligne directe ne sont que des avancements d'hoirie et des anticipations de succession. Elle ne pouvait donc pas être accordée pour des donations faites entre personnes qu'aucun lien de succession ne rassemblait. Le bâtard ne succède à son père, ni le père naturel à son fils; entre eux, la réversion est impossible. — Cependant la jurisprudence fit quelques progrès; elle décida que les biens ainsi donnés ne tomberaient pas dans la communauté des bâtards et ne seraient soumis qu'au douaire de la femme, *comme une espèce de propre échu en directe*. Dès ce moment les jurisconsultes parlèrent de réversion au profit du père naturel donateur. Une coutume, singulière exception, avait déjà permis au père naturel de donner à son bâtard « un sixième de ses meubles et conquêts immeubles,

(1) Mourlon, t. ii, p. 49, 179.
(2) Art. 352, 766, C. Nap.

» à la charge que lesdits conquêts retourneront au donateur
» ou à ses héritiers en cas que ledit bâtard décède sans hoirs
» de son corps en légitime mariage (1). »

Notre droit a levé tous les doutes : le fils naturel succède à
son père, et le père naturel à son fils. Le droit de réversion,
l'art. 766 Cod. Nap. le démontre, existe au profit du père naturel donateur (2), comme aussi sans doute il est partiellement empêché par l'existence d'un fils naturel reconnu du
donataire.

Il nous semble que, dès lors, s'impose à la succession anomale, comme à la succession ordinaire, la division suprême
des successeurs légitimes et des successeurs irréguliers : le
père légitime ou adoptif d'une part, de l'autre le père naturel
et les membres de sa famille légitime, qui peuvent venir à sa
place dans le cas de l'art. 766 C. Nap.

A tous ces successeurs, certains jurisconsultes refusent le
bénéfice de la saisine (3). Cette opinion est trop absolue : si,
en effet, la succession irrégulière prouve que le titre de successeur universel n'implique pas nécessairement le titre d'héritier, deux choses différencient profondément de la succession
irrégulière la succession anomale des ascendants légitimes ; la
loi elle-même appelle ces derniers *successeurs*, ce qu'elle a été
méticuleuse à éviter pour la succession irrégulière, et jamais,
à ce successeur, elle n'impose l'obligation de demander la délivrance. Nous croyons qu'en laissant le père naturel dans la
classe des successeurs irréguliers, il faut accorder aux ascendants légitimes le bénéfice de la saisine.

Suivant que le bénéfice de la saisine peut ou non l'accom-
pagner, la succession anomale imposera à celui qui l'accepte

(1) Cout. de Sédan, 116. Sur ces points, Ferrière, *Cout. de Paris*,
art. 313.
(2) *Comparez* Demante *Cours analytique*, n° 85 *bis*, II.
(3) Zachariæ et ses annot., t. IV, p. 545.

la contribution aux dettes dans une mesure différente : aux successeurs saisis, la contribution à proportion de ce qu'ils prennent dans la succession, c'est-à-dire dans la proportion de la valeur des biens recueillis comparée à la valeur intégrale des biens laissés par le défunt ; aux successeurs irréguliers, la contribution au prorata de leur émolument. Les premiers, continuateurs de la personne, seront tenus *ultrà vires* (1), et les seconds comme simples successeurs aux biens.

SECTION II. — SUCCESSION TESTAMENTAIRE.

Sommaire.

Ancien droit. — Système de transaction du Code Napoléon. — Cambacérès. — Division des légataires universels et à titre universel. — La vraie division est en légataires universels saisis et en légataires universels non saisis.

§ Ier. — Du légataire universel venant à la succession sans concours avec des héritiers à réserve. — Il est vraiment dans la position d'un héritier institué, continuateur de la personne, tenu des dettes *ultrà vires*. — Règles de la contribution.

§ II. — En est-il ainsi du légataire à titre universel ou du légataire universel venant en concours? — L'art. 1002 ne suffit pas pour trancher la question. — L'art. 871 non plus. — Sens des mots *au prorata de l'émolument* dans l'ancienne jurisprudence. — Caractères du droit du légataire obligé de demander la délivrance. — Distinction entre la saisine héréditaire et l'acquisition de la possession. — Le légataire en concours n'est qu'un simple successeur aux biens. — Art. 1009. — Il détermine à quel prorata l'action sera intentée, mais non jusqu'à concurrence de quels biens il y sera répondu. — Art. 2002. — Résumé.

Nous avons déjà fait connaître la condition du légataire à titre particulier; son titre ne lui impose aucune contribution aux dettes héréditaires. Nous ne pouvons avoir maintenant à

(1) Lebrun, *Successions*, liv. IV, ch 2, sect. 2, no 27.

nous occuper que de ceux qui viennent à la succession comme des légataires d'universalité.

On sait que, sur ce point, se partageaient la France deux systèmes de tendances opposées : l'un, que les pays de droit écrit avaient emprunté au droit romain, donnait à la succession testamentaire une grande supériorité sur la succession légitime; le fondement de la succession testamentaire, c'était l'*institution d'héritier*; l'autre système, au contraire, vivace dans les pays de coutumes, avait honoré la famille légitime et réduit l'institution d'héritier au titre de simple libéralité (1).

C'est entre ces deux systèmes de succession testamentaire, qu'à regret nous ne pouvons développer ici, que le Code Napoléon avait à choisir. Entre l'héritier institué, continuateur de la personne, et le légataire universel, toujours obligé de demander la délivrance à la famille légitime, son choix fut dicté par les principes de la disponibilité des biens. Suivant qu'au défunt aura survécu une famille légitime, protégée par la loi et investie d'une part réservée, ou qu'au contraire le défunt n'aura laissé après lui, ni descendants, ni ascendants, la décision du droit sera différente. Ici, sa volonté n'a pas d'entraves : il peut donner à tous ses biens, sans réserve, un successeur universel, à sa personne même un continuateur civil: la loi lui vient en aide, et, assimilant l'héritier qu'il nomme à celui qu'elle-même aurait désigné, elle lui accorde le privilège de la saisine de plein droit. Là au contraire, en présence de cette famille légitime que la loi protège, à laquelle la saisine est, avec une part des biens, réservée malgré même la volonté du défunt (2), la succession suivra les règles des hérédités légi-

(1) «...., C'est-à-dire que les successions y sont déférées par la loi municipale...» Pocquet de Livonnières, liv. III, rég. 1re. *Voir*, sur les trois systèmes suivis dans les coutumes, trois numéros approfondis de Merlin, *Rép.*, v° *Hérit.*, sect. 1, § 1, n°° 7, 8 et 9.

(2) Troplong, *Donations*, n° 1792.

times; les dispositions en faveur du légataire universel ne seront que des libéralités. Aux parents légitimaires seuls le titre d'héritier et la saisine légale, au légataire universel l'obligation de demander la délivrance et un simple droit aux biens.

Cette transaction rationnelle et habile est l'œuvre du consul Cambacérès, un des hommes dont la collaboration a été particulièrement heureuse et féconde pour la rédaction de nos lois civiles. Nous aurions pu, dans ce travail même, en fournir d'autres preuves.

A côté de cette théorie des art. 1004 et 1006, C. Nap., il faut rappeler la distinction que notre Code a introduite entre les legs universels et les legs à titre universel. En présence de la transaction entre les deux législations rivales et contradictoires qui l'avaient précédé, conduit à donner parfois la saisine et la continuation de la personne aux successeurs appelés par la volonté de l'homme, le Code ne pouvait s'empêcher de séparer ceux qui auraient une vocation à l'universalité, de ceux qui ne prétendaient droit qu'à une quotité héréditaire. Il ne pouvait accorder la saisine qu'aux successeurs universels nommés par le défunt.

Il ne faudrait pas croire cependant que cette distinction réponde toujours à la nature des choses; il est impossible, par exemple, de signaler la moindre différence juridique entre la position du légataire universel venant en concours avec des héritiers à réserve et le légataire d'une quote. Dans un cas, la quote est déterminée par l'acceptation des légitimaires, dans l'autre par la volonté même du défunt. Il n'y a véritablement que le bénéfice de la saisine qui puisse distinguer le legs universel des autres dispositions testamentaires *per universitatem*. Aussi c'est à elle que nous nous attacherons; elle divise naturellement cette section en deux parties : la première s'occupera du légataire universel saisi, c'est-à-dire sans concours avec des héritiers à réserve; la seconde, du légataire universel en concours et du légataire à titre universel.

§ 1. *Légataires saisis.* — Ce n'est pas une vérité reconnue de tous, que celle que nous avons énoncée en assimilant à un héritier véritable le légataire saisi, et beaucoup d'esprits éminents se sont attachés à cette idée que ces mots, *légataire saisi de plein droit,* signifient simplement *mis de plein droit en possession,* et ne peuvent suffire pour conférer au légataire la qualité d'héritier (1). « La saisine du légataire universel consiste en ce qu'il obtient, dès le décès du testateur et par la seule force de la loi, la possession que sans cela il lui aurait fallu demander à l'héritier du sang. De quelque manière et à quelque moment que le droit de possession se trouve réalisé, ce droit est toujours le même.... » C'est confondre le droit et le fait : la saisine de droit n'a pas seulement pour objet de présumer une possession de fait qui n'existerait pas, elle est le caractère distinctif de la *successio in universum jus;* c'est par elle que, pour tous les droits de propriété et de possession laissés par le défunt et qui lui survivent, il n'y a pas d'interruption dans le temps, pas de changement dans la personne civile. Nous avons indiqué précédemment l'étroite connexité qui existe dans notre droit entre la saisine et la continuation de la personne. Pour nous, la saisine héréditaire est autre chose qu'une acquisition de possession. Sans doute la tradition coutumière domine notre loi des successions, et tous les effets attachés à l'institution d'héritier par les lois romaines sont *entièrement détruits* (2) mais, en s'inspirant de l'esprit même du législateur et en n'attribuant aux mots qu'une valeur secondaire (3), on reconnaît dans le légataire universel sans

(1) Marcadé, art. 1006, 11; — Bugnet sur Pothier, VIII, p. 243; — Berriat St-Prix, *Revue de législ.*, 1852.

(2) Fenet, t. XII, p. 459.

(3) Art. 1002 C. Nap.

3

·concours un successeur saisi, continuateur de la personne, qu'on ne peut distinguer de l'héritier institué du droit romain (1).

Au point de vue du payement des dettes, le raisonnement est plus concluant encore : il serait vraiment impossible de distinguer la saisine de l'art. 1006 de celle de l'art. 724, et c'est à cette saisine même que l'obligation d'acquitter toutes les dettes et charges est imposée comme condition par la loi (2).

S'il existe donc plusieurs légataires universels saisis, ils contribuent aux dettes comme contribuent entre eux les continuateurs civils de la personne du défunt, chacun *à proportion de ce qu'il prend*, même au delà de l'actif héréditaire, *ultrà vires successionis*.

§ II. *Légataires à titre universel et légataires universels en concours.* — Il en serait bien autrement à l'égard des légataires universels en concours avec des héritiers à réserve et des légataires à titre universel. De même que, tout à l'heure, nous avons abandonné ce que quelques-uns appellent la tradition coutumière, nous nous séparons de ceux qui créent une institution d'héritier quant aux dettes, et qui imposent aux légataires non saisis les obligations d'un titre qu'ils n'ont pas, d'une situation juridique qui leur est étrangère. Cependant c'est l'une des questions les plus sérieuses qu'ait soulevées la jurisprudence de ces derniers temps (3), et nous la devons examiner avec quelque détail.

Disons d'abord que nous ne la croyons pas tranchée ou plutôt écartée par une sorte de fin de non-recevoir puisée dans

(1) Coin-Delisle, art. 1003, n° 1 ; — Troplong, *Donations*, *loc. cit.*

(2) *Comp.* Demante, *Cours analytique*, n° 205 et n° 24 *bis*, III.

(3) C. de cassat., ch. civ., 13 août 1851 ; — C. de Toulouse, 9 juin 1852.

une victoire exclusive du droit coutumier. Déjà successivement modifié par les principes du droit romain, notre droit
coutumier n'est devenu, dans le Code Napoléon, droit na-
tional qu'à la condition de modifications nouvelles, souvent
profondes. Sur la théorie des legs universels notamment, ce
serait exagérer la vérité que de dire que le Code a fait un
choix exclusif (1) ; aussi nous serions porté, comme un savant
avocat général, à voir dans l'art. 1002 Code Napoléon non pas le
témoignage d'une victoire de l'une sur l'autre jurisprudence,
mais bien plutôt une alliance et une assimilation. Son but unique
nous paraît être, qu'on n'ait plus « à s'occuper de cette ancienne
« maxime du droit écrit : *Institutio heredis est caput*.....; » et
vraiment son texte, en nous disant que, sous quelques noms
qu'elles aient été écrites, les dispositions testamentaires auront
des effets identiques, ne nous dit pas encore quels seront ces
effets.

A la vérité, si l'art. 1002 ne peut être, en faveur de la tradition coutumière, qu'une présomption utile, il ne faudrait pas
chercher dans un mot du rapport du tribun Jaubert une série
plus grave de déductions et de conséquences. « Le *seul* sacri-
» fice que les pays de droit écrit aient à faire dans cette occa-
» sion, c'est celui de l'ancienne règle *Nemo partim testatur*...»
C'est un passage de rapport, d'une certaine exactitude oratoire,
d'où il faudrait bien se garder de conclure que le légataire
universel ne sera, pour les heureux pays du Midi, qu'un véritable héritier institué *pro parte*. Il n'avait peut-être que
le but de rappeler que la prépondérance de la famille légitime, et sa réserve et le bénéfice de la falcidie étaient des sacri-
fices imposés et acceptés depuis longtemps. — L'art. 1002 ne
nous semble dire autre chose que celle-ci : l'institution d'héritier vaudra autant que le legs universel, et réciproquement.

(1) Marcadé, *Rec. de législ.*, 1852, p. 193.

Faut-il attribuer aussi à l'art. 871 une autorité déterminante? Plusieurs insistent sur la différence de son texte avec celui de l'article qui précède, et assimilent sa formule à celle de l'art. 1017-1° ou de l'art. 1483. C'est lui faire trancher la question qui nous occupe, en faveur des légataires universels non saisis. Pour nous, si nous osons le dire, ce texte n'est pas de ceux sur lesquels se fonde la vérité sans réplique. Il est probable qu'il a été conçu dans le sens de la jurisprudence coutumière, que les rédacteurs ont écrit à dessein ces deux articles, et il est certain que Pothier, Ricard et Lebrun faisaient de ces mots : *prorata de l'émolument*, non-seulement la règle de la contribution aux dettes, mais encore une limite à l'obligation des légataires. Mais on peut dire que l'art. 871 est spécial à la contribution, et en puiser dans l'ancienne jurisprudence une complète explication.

Une chose remarquable en droit romain, c'est l'institution *in re certâ*. Un testateur instituait un héritier pour une partie déterminée, sans disposer de l'universalité héréditaire ; quelquefois même il exprimait sa volonté de restreindre la libéralité aux choses qu'il a déterminées. Toutes ces restrictions sont contraires à la maxime : *Nemo pro parte testatus* ... et la règle, qui déclare non écrites les conditions impossibles, fait valoir l'institution pour le tout (1).

Souvent aussi, à côté d'une institution universelle valable, se trouvait une institution *in re certâ* ; elle ne pouvait valoir que comme legs, avec cet avantage cependant que, si l'institution universelle ne pouvait valoir, soit par la mort de l'institué avant le testateur ou par sa répudiation, l'institué *in re certâ* prenait l'hérédité tout entière (2).

(1) L. 34, §§ 2, 3, D. *de Hered. instit.;* — l. 1, § 4, *eod.*
(2) Ricard, *Donations,* part. 1re, nos 1366, 1367, 1368 ; — Doneau, *Comm.,* l. 6, ch. XVIII, no 18.

Dans ces deux cas, la chose certaine exprimée dans l'institution est considérée comme prélegs et dispensée du payement des dettes et charges de l'hérédité. La loi 1re au Code, *Si certum petatur*, combine très-bien ce principe avec celui de la loi des XII Tables sur la division des dettes, *pro portionibus hæreditariis.*

« Néanmoins, si nous considérons que nos successions se
» divisent autrement que parmi les Romains, et que la diversité
» des patrimoines que nous y admettons (au lieu que le droit
» civil n'en reconnaissait qu'un seul) produit une inégalité
» dans les portions héréditaires, il n'y a point de difficulté....
» que nous avons eu raison de faire porter les dettes inégale-
» ment aux héritiers et d *proportion de l'émolument* (1) ; » et le
droit coutumier, changeant le droit romain, avait soin encore
d'appuyer sa solution sur un texte du Digeste.

Mais c'est une règle de la contribution, qui ne change rien
aux règles de l'obligation aux dettes, au principe de la division
légale favorable aux créanciers héréditaires, à l'obligation de
chacun des cohéritiers pour sa part et portion virile (2). On
peut croire que les art. 870 et 871 reproduisent cette théorie,
et qu'ils ne touchent pas à la question de l'obligation *ultrà
vires* aux dettes du défunt.

Pour tout dire, ces mots : *au prorata de leur émolument*, semblent souvent, dans les anciens auteurs, avoir un sens très-dé-
terminé, quand ils sont opposés à ceux-ci : *pour leur part et
portion virile* (3), mais assez vague partout ailleurs : notamment ils semblent souvent synonymes de ceux-ci, qu'on retrouve dans l'art. 870 : *d proportion de la part qu'ils prennent
dans les biens de la succession;* et, pour n'en citer qu'un exemple, on les voit indifféremment employés dans Pocquet de

(1) Ricard, *eod.,* part. 3, no 1511.
(2) Troplong, *Donations,* no 1830.
(3) Lebrun, *Successions,* liv. IV, ch. II, sect. 2, no 56.

Livonnières, dont le langage est ordinairement si précis et si pur (1). Il nous paraît que c'est ailleurs que dans l'art. 871 que nous devons chercher la démonstration que nous avons à faire. Les anciens auteurs, sur ce point, ne pouvaient guère hésiter ; ils connaissaient parfaitement le caractère du droit des légataires universels, et si, de notre temps, on hésite, c'est que sur ce caractère même on s'est mépris.

Dans notre droit, c'est à la saisine que la continuation de la personne et l'obligation de payer toutes les dettes et charges sont rattachées. (Art. 724, 1220 C. Nap.) C'est la saisine qui, donnée aux légataires universels venant seuls à la succession, nous a permis de leur imposer le titre et les obligations des héritiers ; c'est elle qui devra nous faire savoir s'il en est de même du légataire à titre universel et du légataire universel en concours.

Les arrêts l'ont bien compris, et, pour obliger ces successeurs *ultrà vires*, ils ont tenté de les assimiler à des successeurs saisis. « L'obligation personnelle existe, disent-ils, avec » toutes ses conséquences.... soit que la saisine provienne de » la loi, soit qu'elle procède de la délivrance. » On dirait copié le texte d'un jurisconsulte que nous avons transcrit dans la question précédente pour le réfuter ; cette proposition est une singulière erreur.

Il est vrai qu'au moyen âge et en matière de complainte, le mot *saisine* n'implique d'autre idée que celle d'un fait de possession, et que c'est aussi, dans l'origine, ce que suppose la maxime *le mort saisit le vif*, en matière de saisine héréditaire ; mais le droit ici s'est mêlé au fait, et je ne sais si la fiction légale peut se suppléer. Ce qui prouve la différence profonde de la simple possession et de la saisine, c'est cette

(1) *Règles de droit*, liv. III, sect. 3, *Rég.* 14 et 15. Comp. *Rég.* 9.

circonstance remarquable que, même saisi de fait dès avant ou depuis la mort du défunt, le légataire doit se dessaisir pour obtenir de l'héritier une délivrance nouvelle (1). Si la délivrance n'avait dû que transmettre au légataire la possession de fait qui lui manquait, et *n'avait pas en même temps pour objet de dessaisir l'héritier réservataire* (2), comment expliquer cette obligation du légataire en possession ?

Mais de cette obligation de demander la délivrance, ainsi caractérisée, résulte cette double conséquence que la possession du légataire est du fait de l'héritier, et qu'elle a lieu un certain laps de temps après le décès du *de cujus* (3). Ce sont les deux caractères opposés à ceux de la saisine légale. « Il faut » tenir pour constant que l'*instrument d'exécution* dont la loi, » interprétée par l'histoire , se sert pour la transmission est le » *de cujus lui-même* (4). » Dans le cas qui nous occupe , la transmission est le fait de l'héritier ; et comment veut-on retrouver la continuation de la personne civile , quand on voit dans le temps une interruption entre l'exercice des droits du successeur et du défunt?

Il n'y a que deux principes de l'obligation aux dettes, la continuation de la personne civile et la succession aux biens Le

(1) Carondas, *Rep.*, liv. VII, réponse 170 ; — Boucheul, *Conv. de succéder*, ch. XXIX, n° 8 et 9.

(2) M. Troplong établit ce point dans un autre endroit de son livre : « Au moment du décès et lorsque le légataire universel devient » propriétaire, il trouve l'héritier réservataire investi et saisi par la » toute-puissance de la loi. Il faut donc que par une demande en dé- » livrance il fasse passer la saisine de l'héritier à lui. » *Donations*, n° 2428.

(3) C'est le lieu de répéter avec l'avocat général Omer Talon : « pos- » sessio defuncti non transit juncta in legatarium. » Cité, Troplong, n° 2415.

(4) Hureaux, *Rev. de législat.*, 1856, p. 313.

légataire universel en concours et le légataire à titre universel ne peuvent être que des successeurs aux biens.

Le dernier point de cette discussion serait de savoir si l'article 1009 C. Nap. a dérogé à cette rigoureuse conséquence des principes.

Sur le point de savoir quel est, en droit romain, l'influence du principe de la continuation de la personne au point de vue des dettes actives et passives, il n'y a pas de texte plus explicite que le § 35 du second commentaire de Gaïus. Le seul héritier testamentaire est créancier des débiteurs du défunt et débiteur de ses créanciers (1). Ce droit fut longtemps suivi en France et modifié par les arrêts du XVIᵉ siècle, en ce sens qu'au lieu d'agir pour le tout contre l'héritier, sauf à celui-ci à faire ensuite contribuer les légataires, les créanciers pourraient agir directement contre ceux-ci. Personne ne doutait que vis-à-vis de l'héritier les légataires ne fussent tenus que jusqu'à concurrence de leur émolument. L'action directe ne pouvait être concédée aux créanciers que dans les limites du recours que l'héritier aurait lui-même pu exercer contre les légataires, et personne ne mettait en doute que cette action ne dût être restreinte aux forces de l'émolument. A la vérité, les auteurs l'appellent *personnelle*; comment l'auraient-ils nommée, elle prend son point de départ dans une obligation? et encore ont-ils bien soin d'expliquer qu'elle n'est qu'une *espèce d'action personnelle* (2), une action *personnelle imparfaite* (3), et que jamais ils n'en sont tenus que *jusqu'à concurrence des biens* (4).

---

(1) Comp. Gaïus, *Comm.*, II, §§ 38, 252, 254, 257 ;—L. 3, 7, C. *de Heredit. act.*

(2) Ricard, *Donations*, part. III, n° 1513.

(3) Lebrun, *Successions*, liv. IV, ch. II, sect. 1ʳᵉ, n° 3; sect. 2, n° 31.

(4) Pothier, *Introd. à la Cout. d'Orléans*, tit. XVI, n° 120;—Fer-

Si l'on compare les art. 871, 873, 1009 du Code Napoléon, on verra qu'ils reproduisent les théories d'autrefois. Le légataire universel en concours avec des héritiers à réserve contribue aux dettes au prorata et jusqu'à concurrence de son émolument. Les héritiers, qui restent toujours obligés vis-à-vis des créanciers pour leur part et portion héréditaire, auront contre le légataire universel, jusqu'à concurrence des biens que celui-ci a reçus de la succession, un recours que l'art. 873 leur assure. Mais la loi a concédé aux créanciers une action directe contre ce légataire lui-même. L'art. 1009, qui l'accordait, avait à répondre à cette question que posait Ferrière dans l'ancienne jurisprudence : « Quelle est la *part personnelle* des dettes que » doivent payer les donataires et légataires universels à l'égard » des créanciers ? On demande s'ils doivent y contribuer *pro* » *numero*, ou s'ils n'en peuvent être convenus que personnelle-» ment *pro modo emolumenti*. » Le Code a résolu la difficulté comme l'ancien droit lui-même : « Il semble en effet que les » créanciers ne peuvent agir que contre les héritiers par ac-» tion personnelle, parce qu'ils représentent le défunt, et non » contre les donataires ou légataires, parce qu'ils ne le repré-» sentent pas; *néanmoins j'estime que les créanciers doivent* » *poursuivre les uns et les autres pour leur part et portion* (1). » C'est le texte même des art. 873 et 1009. Il en résulte que par les créanciers le légataire peut être poursuivi pour sa part et portion ; mais en résulte-t-il que le légataire actionné pour sa part et portion soit obligé de répondre à l'action au delà des biens qu'il a reçus de la succession? c'est ce que l'art. 1009 ne dit pas et ce que, contre la jurisprudence, décident les principes généraux.

rière, *Cout. de Paris*, art. 334, glose 1re, nos 11 et 15. C'est l'act. *personalis in rem scripta*, comme dans le cas du donataire uni-versel. — *Comp.* Troplong, no 2416.

(1) *Loco citat.*

Il semble que le rapprochement des articles 873 et 1009 soit déterminant pour les jurisconsultes éminents que nous combattons (1). Il n'y a qu'un malheur, c'est que ces articles déterminent bien à quel prorata l'action sera intentée contre chacun des légataires, mais qu'ils ne disent pas jusqu'à concurrence de quels biens, par chacun il y sera répondu. C'est que cet art. 873 n'est pas celui qui oblige les héritiers de satisfaire, même *ultrà vires successionis*, à l'action qu'il accorde aux créanciers héréditaires. Pour arriver à ce résultat, il faut le réunir à l'art. 724, et c'est précisément ce dernier texte qu'il est impossible d'appliquer aux légataires non saisis (2).

Il n'est pas bien difficile maintenant de rendre à l'art. 2092 la place qu'il doit occuper dans cette discussion. Comment est-il conçu? « Quiconque s'est obligé personnellement..... » Il ne peut avoir d'application qu'à celui qui s'est obligé, ou au continuateur de sa personne. La corruption du texte par laquelle on arriverait à l'appliquer à tous ceux *qui sont obligés* va droit à méconnaître l'existence des obligés *ob rem*, en vertu du principe : *bona non intelliguntur....* Tant qu'il y aura, dans le droit, une différence entre les continuateurs de la personne et les simples successeurs aux biens, il faudra bien se garder de changer la maxime « *Qui s'oblige oblige le sien.* »

Du reste il semble étrange de voir un testateur libéral du

(1) Troplong, *Donations*, n° 1840; — Nicias Gaillard, *Rev. de législat.*, 1852.

(2) De ces expressions de l'art. 1009, «.... sera tenu des dettes et charges.... personnellement pour sa part et portion...., » M. Troplong tire cette conséquence injustifiée que le légataire est tenu *ultrà vires.* Dans une autre théorie, il rencontre l'art. 1085 : «.... Le donataire.... sera soumis au payement de toutes les dettes et charges...., » et il ne l'oblige jamais à ce payement qu'*intrà vires...!* L'art. 1085 lui en laissait la liberté; mais n'y a-t-il pas une contradiction dans le procédé logique d'un si grand esprit, dans ces deux raisonnements? — *V. infrà*, sect. III, *in fine.*

bien d'autrui, et il se pourrait faire que « les hommes versés
» dans les saines doctrines pratiques, » qui ont reconnu la
portée pratique de l'art. 1000 (1), revinssent à restreindre celle
de l'art. 1009, conformément au populaire et vieux brocard :
« *non oneratus, nisi honoratus.* »

La contribution à laquelle sont obligés les légataires à titre
universel et les légataires universels sans concours, est celle
qui dérive de leur titre de successeurs aux biens; elle se fait au
prorata et jusqu'à concurrence de l'émolument. Si parfois
l'action que peuvent diriger contre eux les créanciers héréditaires est plus étendue, ils ne sont jamais obligés d'y répondre
qu'*intrà vires,* comme tous les successeurs non saisis.

SECTION III. — INSTITUTION CONTRACTUELLE.

Sommaire.

Variété des contrats de l'ancien droit modifiant l'ordre légal des successions. — Institution contractuelle dans le Code Napoléon. — Ses antécé-
dents. — Ses caractères essentiels. — De la donation cumulative de
biens présents et à venir. — Elle n'est qu'une institution contractuelle
modifiée.

Règles de la contribution, communes aux institutions contractuelles et
aux donations cumulatives, qui ne valent pas comme donations de
biens présents. — Ces règles sont identiques aux règles établies dans la
section précédente.

Confusion de ceux qui croient que, même en concours avec des héritiers
à réserve, même institués par une quote, les institués contractuels
sont saisis et tenus *ultrà vires.*

Les donataires qui, après la mort du donateur, acceptent purement et simplement une donation cumulative, sont tenus *ultrà vires* dans les
mêmes cas que l'institué contractuel. — Opinion contraire de M. Troplong.

Nous sommes arrivés à l'examen des obligations imposées

(1) Troplong, *cod. loc.*, n° 1846.

aux successeurs qu'appelle à la succession un acte de volonté monumenté dans un contrat. Sur ce point encore on peut dire que les lois nouvelles ont singulièrement effacé la variété et les bigarrures de la France coutumière. C'était d'abord la démission de biens, qui ne faisait guère que devancer l'instant de la mort et appelait, à titre universel, tous les héritiers présomptifs d'un homme à la jouissance immédiate de ses biens, suivant l'ordre des successions *ab intestat*. Les héritiers démissionnaires ne peuvent se dire *saisis et vestus* qu'après la mort du *de cujus*, dont la volonté peut toujours révoquer la démission, et, comme conséquence, on ne les condamne aux dettes qu'à *proportion de ce qu'ils amendent*, pourvu néanmoins qu'ils rendent aux créanciers un compte fidèle des biens qu'ils ont reçus (1).

Il y avait encore en Saintonge, Berry, Bourbonnais et Nivernais, des *héritiers adoptés* ou *affiliés*. Il y fallait distinguer les affiliés *purs et simples*, adoptés gratuitement, et les affiliés *subrogés par échange*, dont voici l'espèce : « Une fille ayant été » reçue dans une autre famille à la place d'une autre fille et » à l'occasion d'un double mariage, il se fait une permuta- » tion pleine et absolue qui transfère toute sorte de droits aux » copermutants (2). » Ceux-ci étaient toujours saisis de la succession, comme de véritables fils héritiers du sang ; les adoptés purs et simples ne sont en général saisis de la succession que quand leur titre leur a été donné par contrat de mariage : « contrats de mariage saisissent les mariés et leurs descendants, » le cas advenant (3). »

(1) Nivernais, ch. XXXIV, art. 17;—Bourbonnais, ch. 19, art. 218; —Bourjon, *Droit commun de la France*, t. 1, p. 625, édit. 1770.

(2) Béchet, *sur l'usance de Saintes* ;—Bourbonnais, art. 265;—Nivernais, art. 26, tit. 23.

(3) Nivernais, *eod. loc.*—Sur les autres différences : Lebrun, *Successions*, liv. III, ch. III, n.° 29-31.

Si on y ajoute les *héritiers associés* par *appareillement* ou *affrérissement*, « dont le cas est qu'une mère, qui se remarie, » stipule avec son nouveau mari que ses enfants, tant du pre- » mier que du second mariage , succéderont également à elle » et à ses deux maris, ou quand le même pacte se fait avec » un second mari , qui a aussi des enfants d'un premier ma- » riage, que l'on fait entrer dans cette union , et qui y portent » leurs biens de leur mère (1) ; « si on rappelle la *clause d'as- sociation*, imposée (L., 49, § 1, D. *ad Senatum-Cons. Trebellian.*) comme condition à une *convention de succéder* , on aura une idée de la diversité qu'apportaient nos pères dans les disposi- tions anticipées qu'ils faisaient de leur hérédité.

Une seule, la plus générale, est restée debout : c'est celle que nous avons nommée en dernier lieu la *convention* ou *conve- nance de succéder*, appelée aussi *institution contractuelle*.

Ce n'est pas le lieu de rechercher son origine. Sans doute, elle ne vient pas du droit romain, où l'importance du droit de tester ne s'accorde pas avec une disposition de l'hérédité, faite irrévocablement entre-vifs (2). Sans doute, la nov. XIX de l'empereur Léon (3) n'en est pas l'origine, puisqu'elle ne fut connue que longtemps après la pratique de l'institution con- tractuelle. Il serait plus plausible de la rattacher à la *Thin- yatio* des lois lombardes (4). Il nous suffit de constater avec tous

(1) Lebrun, *eod. loc.*, n° 4.

(2) L. 30, C. *de Collationibus.*—L. 5 et 15, C. *de Pactis.*—L. 30, C. *de Pactis.*

(3) « Statuimus ut parentum nemo jura filiorum quibus cum reliquis liberis æqualem portionem servatum iri in nuptialibus con- tractibus sponderit, innovare tentet. » — Merlin, *Rép.*, v° *Inst. contractuelle*, § 1er.

(4) *Thingatio*, dicitur donatio per universitatem. (Boërius, cité, Ducange.)

qu'elle fut reçue dans la France entière (1) et approuvée par les ordonnances (2).

L'institution contractuelle pouvait d'abord être faite en toute sorte de contrats (3); mais ce fut bientôt une règle que la condition indispensable pour la validité de ces conventions, c'est qu'elles fussent inscrites dans un contrat de mariage, ou dans un acte s'y rattachant comme une partie indistincte (4).

Si on la voyait encore, par exception, autorisée en faveur du survivant de deux frères unis par une société de tous biens, et en quelques autres cas, la règle générale ne le permettait qu'en faveur des mariés et de leurs descendants (5).

Aujourd'hui les institutions contractuelles continuent à être autorisées, sous le nom de donations de biens à venir, en faveur du mariage, et c'est à de Laurière qu'il faut encore en emprunter la définition. C'est « un don irrévocable de succession ou » d'une partie de succession, fait par contrat de mariage, au » profit des époux ou des enfants qu'ils doivent avoir en- » semble. »

La Cour de cassation (6) a suivi avec raison la doctrine des anciens auteurs (7), en décidant que l'institution contractuelle est une manière de disposer qui constitue une classe à part,

(1) « C'est un droit universellement reçu comme un ancien usage des Français. » Boucheul, *Conv. de succéder*, prélim., n° 9.—Except. pour Cout. de Berry, tit. 8, art. 5 et 6.

(2) Ord. d'Orléans, art. 59 ; — ord. de Moulin, art. 57 ; — ord. de 1731, art. 13.

(3) Mazuër, p. 461, 485, édit. 1597; — Pierre de Fontaine, p. 111, édit. Marnier.

(4) C. de Bourbonnais, art. 219 et 213;—Auvergne, ch. xiv, art. 26.

(5) Lebrun, *Successions*, liv. iii, ch. ii, n°⁵ 9, 10, 11;—Furgole, art. 13 de l'ord. de 1731.

(6) 15 juillet 1835. S. 36, i, 154.

(7) Furgole, *eod. loc.* ; — Roussilhe, *Jur. des donat.*, n° 309.

avec des règles particulières qu'elle ne peut emprunter ni de la
donation à cause de mort, ni du testament.

« Le caractère essentiel de l'institution contractuelle consiste
« en ce que, d'un côté, elle est à certains égards irrévocable,
« et en ce que, de l'autre, elle ne porte cependant que sur les
« biens à venir et se trouve subordonnée à la survie du gra-
« tifié. C'est par le premier de ces traits que l'institution con-
« tractuelle diffère du legs et de l'ancienne donation à cause
« de mort ; c'est par le second qu'elle se distingue de la dona-
« tion entre-vifs de biens présents (1). »

Lebrun avait déjà résumé la nature *amphibie* (2) de ce contrat en l'appelant un *testament irrévocable* (3).

C'est de ce testament d'un genre nouveau que nous avons à
rechercher les effets au point de vue du payement des dettes de
l'instituant.

Cependant, à côté de l'institution contractuelle, on rencontre
comme ayant un caractère analogue et souvent des effets identiques une donation de biens à venir modifiée. Dans la donation de biens à venir, en effet, l'instituant conserve la propriété
et l'administration de ses biens ; il peut les aliéner à titre oné-
reux et contracter des dettes. Sans la grande faveur du mariage, on verrait dans une donation de ce genre une infraction
à la règle *donner et retenir ne vaut*. Elle semble être faite sous
condition potestative de la part du donateur, et, suivant les cas,
assez peu favorable au donataire. On a pensé qu'une donation
de la fortune du donateur, *telle qu'elle se comportera lors de son
décès*, avec la faculté pour le donataire de s'en tenir à cette
fortune *telle qu'elle se comportait* au moment même de la donation, laisserait au donateur la jouissance et la disposition de

(1) Zachariæ, t. v, p. 503.
(2) Furgole, *eod. loc.*
(3) Lebrun, *Successions*, *eod. loc.*, n° 18.

ses biens pendant sa vie, en assurant au donataire la fortune présente du donateur. — Cette combinaison, qu'avait essayée l'ancienne jurisprudence, avait, avant le Code, donné naissance à quatre systèmes divers que ce n'est pas le lieu d'exposer. Le système expliqué par Pothier (1), sous l'empire de l'ordonnance de 1731, a été presque entièrement suivi par le Code dans les art. 1084 et 1085, qui traitent de la *donation cumulative de biens présents et à venir.*

Le droit d'option qu'elle réserve au donataire est ce qui différencie cette donation de l'institution contractuelle (2). L'annexion à l'acte d'un état des dettes et charges existantes lors de la donation est la condition indispensable pour que la faculté d'option se puisse exercer.

La donation cumulative de biens présents et à venir n'est qu'une institution contractuelle modifiée. Il y a deux cas à prévoir : l'annexion d'un état des dettes a conservé pour le donataire la faculté d'option, ou elle ne l'a pas conservée. — Dans ce dernier cas, il n'y a plus qu'une donation de biens à venir pure et simple. — Dans le premier, il y a deux hypothèses à prévoir : le donataire restreint aux seuls biens existants lors de la donation la libéralité du défunt, ou il accepte la donation universelle. Dans la première hypothèse, il n'y a qu'une donation de biens présents avec des effets, qui remontent au jour même de la libéralité, opérant au profit du donataire résolution de tous les actes qui depuis cette époque auraient grevé l'actif, et l'obligeant par voie de déduction à l'apurement du passif établi dans l'état annexé. Dans la seconde, la condition *que le donataire ne s'en tiendra pas aux biens présents* étant venue à manquer, la donation de biens à venir restera encore pure et simple.

Quand donc nous traiterons de la contribution aux dettes de

(1) *Introd. à la Cout. d'Orléans*, tit. xv, n° 26.
(2) Furgole, s. art. 17 de l'ord. 1731.

l'héritier contractuellement institué, nous traiterons par cela
même de la contribution du titulaire d'une donation cumulative
qui, par son choix ou par l'absence de l'état exigé, est un véritable institué contractuel.

Et d'abord, sans nous séparer des auteurs qui font valoir
comme donation à cause de mort la donation de choses indivi-
duellement déterminées à prendre sur une succession (opinion
qui nous paraît hors de conteste) (1), il est évident que ces donataires à titre particulier ne peuvent en aucune façon contribuer au payement des dettes du donateur, et que nous ne nous
occupons que des dispositions d'universalités ou de quotités, *per
modum quotæ* (2), qui seules peuvent faire l'objet d'une institution contractuelle proprement dite.

La nature de l'institution contractuelle doit nous révéler les
règles de la contribution aux dettes imposée à l'institué. A la
différence de l'irrévocabilité, elle n'est qu'un testament, et
les institués contractuels sont dans une position identique à
celle des successeurs testamentaires universels ou à titre universel. La grande division que les art. 1004 et 1006 imposent
à ceux-ci est également imposée à ceux-là.

Dans l'ancienne jurisprudence, l'institué est un véritable
héritier ; il jouit dans tous les cas, et à l'encontre même des héritiers du sang, du bénéfice de la saisine. « C'est la faveur du
» mariage et la différence de l'institution contractuelle et de
» l'institution testamentaire (3). »

Il est certain que, dans notre droit, l'institution contractuelle ne pourrait porter atteinte aux principes de la saisine

(1) Marcadé, art. 1082, I ; — Coin-Delisle, nᵒˢ 14 et 18.
(2) Louët, lett. D, somm. 69.
(3) Boucheul, *Conv. de succéder*, ch. xxix, nᵒˢ 1 et 2;—de Laurière, t. 1, p. 170;—Cout. Bourbonnais, art. 219;—Auvergne, ch. xiv,
art. 26;—Nivernais, t. xxvii, art. 12.—Pothier, *Introd. à la Cout.
d'Orléans*, tit. xvii, append., nᵒ 23.

4

légale, accordée à la famille légitime, que dans le cas où ce
bénéfice peut être enlevé par la volonté du défunt. — Si donc
l'institué contractuel vient à la succession sans concours avec
des héritiers à réserve, il sera saisi de plein droit, et nous avons
établi, avec les art. 870 et 1220 C. Nap., les règles à suivre
alors pour la contribution aux dettes. Au contraire, il faudra
suivre les règles imposées aux simples successeurs aux biens,
procéder par voie de déduction, si l'institué contractuel venait
en concours avec des réservataires ou s'il n'était institué que
pour une quote de l'hérédité.

A la vérité, certains auteurs (1), perpétuant la disposition
par laquelle l'ancienne jurisprudence accordait la saisine à tous
les institués contractuels, semblent les avoir reconnus saisis et
obligés aux dettes *ultrà vires successionis*, même dans le cas où
ils ne sont institués que pour une quote et dans celui où ils
concourent avec des réservataires. — Si l'on devait appeler
saisine la dispense de demander la délivrance, l'opinion de ces
auteurs serait très-vraie; mais c'est là une opinion féconde en
erreurs; nous l'avons déjà réfutée sous une autre forme. La
délivrance a bien pour but de faire perdre à l'héritier du sang
le bénéfice de la saisine héréditaire, et il est évident que ceux
qui auraient eux-mêmes cette saisine seraient dispensés de la
demander; mais de ce que certains sont dispensés de demander
la délivrance, il ne faut pas conclure qu'ils ont la saisine héréditaire. Ils peuvent avoir, en effet, la propriété et possession
de la chose en vertu d'un titre autre qu'une saisine de ce genre,
en vertu d'un contrat par exemple, et c'est le cas d'un donataire de biens à venir pour une quote ou en concours avec des
héritiers à réserve. Il a contracté à terme incertain avec le *de
cujus*, par conséquent avec les héritiers, qui continuent sa personne; le terme est arrivé: dès lors la propriété de la chose qui

(1) Chabot, *Successions*, art. 774, n° 14;—Merlin, *Rép.*, v° *Instit.
contract.*, § 11, n° 2.—*Vid. tam. eod.*, § 10, n° 2.

faisait l'objet du contrat est transférée par le seul effet du contrat lui-même (art. 938, 1138, 1583 C. Nap.) (1). Voilà pourquoi l'institué contractuel est dispensé de demander la délivrance aux héritiers réservataires, continuateurs de la personne, avec lesquels il concourt; mais en conclure qu'il a, comme eux, le bénéfice de la saisine héréditaire, c'est un sophisme qui fait pendant à cet autre, que la délivrance confère la saisine. Ni l'un ni l'autre n'arrêteront l'esprit de personne, et l'on reconnaîtra qu'en concours avec des réservataires, ou institué pour une quote seulement, l'héritier contractuel ne continue pas la personne, qu'il ne contribue aux dettes que par voie de déduction et jusqu'à concurrence de son émolument.

Il faut abandonner aussi la doctrine du plus éminent interprète qui ait marqué sa trace dans le développement de la science contemporaine, quand il sépare, au point de vue du payement des dettes, la donation cumulative de l'institution contractuelle. Il enseigne que, dans aucun cas et alors même que la donation universelle de tous biens présents et à venir est la seule possible, l'acceptation de cette libéralité n'oblige le donataire qu'*intrà vires emolumenti* (2). C'est supprimer l'institution contractuelle dans notre droit. Les donataires voudraient se mettre toujours à couvert de cette éventualité; ils n'accepteraient que des donations cumulatives; le donateur, *qui offre une libéralité*, se bornerait à ne pas dresser l'état des dettes et ne pourrait, sous aucun prétexte, refuser ce remplacement d'un contrat par un autre.

Il n'est pas douteux que dans l'ancienne jurisprudence il n'y eût sur ce point une profonde différence entre l'institution contractuelle et la donation universelle. Dans l'esprit comme dans le texte de la coutume de Paris, cette dernière était assi-

(1) Troplong, *Donations*, n° 2366.
(2) *Eod. loc.*, n°ˢ 2415 et suiv.

milée au legs universel ; mais, pour le cas du legs, la législation a subi une modification profonde : pourquoi n'en serait-il pas ainsi de la donation universelle ? Remarquons qu'il est impossible de signaler aucune autre différence dans les obligations du donataire et de l'institué contractuel ; aucune autre dans les conditions imposées par leur titre au légataire universel sans concours et celles imposées au donataire universel. La raison de différence se trouverait cependant dans ce qu'il serait impossible de croire que « le donateur a voulu faire un héritier » lorsqu'il a dressé un état des dettes et ménagé à son dona- » taire un droit de division et d'option incompatible avec la » succession et la qualité d'héritier. »

C'est en effet en étudiant cette condition de l'état des dettes présentes qu'on trouve la réponse à la doctrine de l'éminent jurisconsulte, et qu'on en prouve l'erreur : c'est du donateur lui-même que doit émaner cet état des dettes ; le donataire ne peut pas y suppléer. Si cet inventaire n'est pas fait, la donation, quoiqu'elle ait été appelée cumulative, sera forcément une donation de biens présents et à venir pure et simple. Dans le cas donc où la donation cumulative dégénère forcément en donation de biens présents et à venir pure et simple, par l'absence d'état des dettes, c'est-à-dire par le fait même du donateur, il est impossible d'argumenter de l'intention du donateur pour les différencier l'une de l'autre. — Il semble du reste que, malgré la généralité de ses conclusions, l'auteur que nous combattons l'ait concédé ; la raison de différence qu'il donne ne porte directement que sur la seconde hypothèse à prévoir.

Seulement il est impossible de les distinguer l'une de l'autre. Elles sont indissolublement unies dans le texte de la loi, miroir fidèle de la nature des choses. Le donateur qui fait une donation cumulative dresse ou ne dresse pas d'état des dettes. Dans les deux cas il fait une donation de biens présents et à venir sous condition. Cette condition est la même dans les deux cas :... *que le donataire ne se bornera pas aux biens présents.* S'il n'a pas dressé d'état des dettes, la condition est sans effet, comme impossible ; s'il en a dressé un, et que le donataire accepte purement et simplement, la condition est sans effet, parce que le fait dont elle dépendait ne se réalise pas.

Soit parce que la condition est réputée non écrite, soit parce qu'elle vient à manquer, la donation cumulative reste donation universelle pure et simple.

Dans les deux cas, l'œuvre du donateur est la même, et, si l'on ne peut, dans le premier cas, argumenter de l'intention qu'on lui suppose, pour différencier son œuvre d'une donation pure et simple de biens à venir, cela n'est pas plus permis dans le second.

Notre assimilation des successeurs universels contractuellement institués, et des donataires universels dont parlent les art. 1084-1085, est maintenant justifiée. Nous avons déjà justifié l'assimilation des institués contractuels en concours ou sans concours avec des héritiers réservataires, avec les successeurs testamentaires, continuateurs ou non de la personne du défunt.

SECTION IV. — RÈGLES SPÉCIALES AUX DISPOSITIONS EN USUFRUIT.

Sommaire.

Elles ne sont que des dispositions à titre particulier.—Elles peuvent porter sur une universalité, sur une quotité, sur des biens déterminés. — Les règles de la contribution de l'usufruitier sont les mêmes, qu'il prenne son titre dans la loi, dans un testament, dans une institution contractuelle.
Ancienne jurisprudence. — Observations de Lebrun. — Explication des art. 610, 611, 612 Cod. Nap.

La doctrine est à peu près unanime sur le caractère des dis-

positions en usufruit. Elles ne peuvent être que des dispositions à titre particulier, quels que soient les biens sur lesquels
l'usufruit doive porter. Du moment que la jouissance seule est
attribuée, ni l'universalité des biens, ni une quote de cette
universalité n'est distraite de la succession *ab intestat*. En
dehors de cette idée, sur laquelle l'art. 1010 du C. Nap. ne
permet pas un seul doute, la loi a pu considérer les dispositions en usufruit comme grevant une universalité de biens,
ou une quotité, ou des biens particuliers.

Il est d'un bon administrateur d'équilibrer le revenu actif et
le revenu passif, et le successeur en usufruit pourra être tenu
de contribuer au payement des intérêts des dettes héréditaires.
Au capital actif se rapportera le capital passif, et de même pour
les revenus. *Æs quidem alienum pro portione ex quâ quisque
defuncto heres exstiterit præstari oportet ; annonas autem is sol-
vere debet qui possessiones tenet et fructus.* (L. 2, C. *de Annonis
et trib.*)

L'usufruit peut être légalement constitué, comme dans le
cas de l'usufruit du père de famille sur les biens de ses enfants (1) ; il peut aussi faire l'objet d'une disposition testamentaire ou d'une institution contractuelle. Mais nous n'avons pas
à étudier divisément ces usufruits divers; leurs titulaires ne
sont jamais tenus que *ob rem*, et les règles de la contribution
leur sont communes.

Les règles elles-mêmes nous sont déjà connues, et ce sont
les principes généraux des sections précédentes qu'il faut suivre
ici pour obliger aux intérêts de toutes les dettes l'usufruitier
de tous les biens , et le légataire à titre universel d'usufruit à
une part proportionnelle des dettes. Ce qui est spécial aux dispositions de ce genre, c'est la procédure de la contribution.

Elle ne sera pas difficile si l'usufruit est universel ou s'il est

(1) D'Argentré, art. 219. — *Cout. de Bretagne*, gl. VII, n° 19.

d'une fraction de *tous* les biens. La contribution est alors fixée par la nature même du legs. Mais, dans les quatre autres cas d'usufruit à titre universel, si l'usufruit porte sur tous les immeubles ou sur tous les meubles, ou sur une fraction des uns ou des autres, quelle sera la base de la contribution?

On fera l'estimation des biens sur lesquels porte l'usufruit et celle de tous les biens héréditaires, et le rapport des deux sommes entre elles dictera le rapport des contributions imposées à l'usufruitier et au nu-propriétaire de la chose.

Mais il se peut faire que la dette soit exigible, et que ces dispositions sur la contribution aux intérêts ne suffisent pas à régler les rapports des parties : par qui le capital sera-t-il remboursé?

L'ancienne jurisprudence était fort embarrassée, et les auteurs « se sont fort donnés la gehenne au sujet de cette question (1). » Les uns voulaient forcer l'usufruitier à avancer le capital des dettes, sauf à ses héritiers ou à lui-même à recouvrer le capital, sans intérêts, à la fin de l'usufruit. Ils argumentaient des art. 286 et 287 de la coutume de Paris, en matière de don mutuel. D'autres proposaient d'y obliger le nu-propriétaire, auquel l'usufruitier serait tenu de payer, chaque année, l'intérêt de la somme avancée. D'autres enfin voulaient appliquer une vieille ordonnance de Charles VII et obliger l'usufruitier au payement du tiers; le nu-propriétaire, à celui des deux autres tiers des dettes.

Mais « pour moy j'estime... qu'il n'est pas juste d'obliger
» l'usufruitier à l'avance du total de ce qui est dû par luy et le
» propriétaire, parce que sa jouissance n'est que momentanée :
» non plus que d'y obliger le propriétaire, parce que sa jouis-
» sance est différée. Mais chacun y doit contribuer sur-le-champ
» à proportion de son émolument, qu'il est plus équitable d'ai-

(1) Ricard, *Donations,* 3e part., n° 1532.

milée au legs universel ; mais, pour le cas du legs, la législation a subi une modification profonde : pourquoi n'en serait-il pas ainsi de la donation universelle? Remarquons qu'il est impossible de signaler aucune autre différence dans les obligations du donataire et de l'institué contractuel ; aucune autre dans les conditions imposées par leur titre au légataire universel sans concours et celles imposées au donataire universel. La raison de différence se trouverait cependant dans ce qu'il serait impossible de croire que « le donateur a voulu faire un héritier » lorsqu'il a dressé un état des dettes et ménagé à son dona- » taire un droit de division et d'option incompatible avec la » succession et la qualité d'héritier. »

C'est en effet en étudiant cette condition de l'état des dettes présentes qu'on trouve la réponse à la doctrine de l'éminent jurisconsulte, et qu'on en prouve l'erreur : c'est du donateur lui-même que doit émaner cet état des dettes ; le donataire ne peut pas y suppléer. Si cet inventaire n'est pas fait, la donation, quoiqu'elle ait été appelée cumulative, sera forcément une donation de biens présents et à venir pure et simple. Dans le cas donc où la donation cumulative dégénère forcément en donation de biens présents et à venir pure et simple, par l'absence d'état des dettes, c'est-à-dire par le fait même du donateur, il est impossible d'argumenter de l'intention du donateur pour les différencier l'une de l'autre. — Il semble du reste que, malgré la généralité de ses conclusions, l'auteur que nous combattons l'ait concédé : la raison de différence qu'il donne ne porte directement que sur la seconde hypothèse à prévoir.

Seulement il est impossible de les distinguer l'une de l'autre. Elles sont indissolublement unies dans le texte de la loi, miroir fidèle de la nature des choses. Le donateur qui fait une donation cumulative dresse ou ne dresse pas d'état des dettes. Dans les deux cas il fait une donation de biens présents et à venir sous condition. Cette condition est la même dans les deux cas :... *que le donataire ne se bornera pas aux biens présents*. S'il n'a pas dressé d'état des dettes, la condition est sans effet, comme impossible ; s'il en a dressé un, et que le donataire accepte purement et simplement, la condition est sans effet, parce que le fait dont elle dépendait ne se réalise pas.

Soit parce que la condition est réputée non écrite, soit parce qu'elle vient à manquer, la donation cumulative reste donation universelle pure et simple.

Dans les deux cas, l'œuvre du donateur est la même, et, si l'on ne peut, dans le premier cas, argumenter de l'intention qu'on lui suppose, pour différencier son œuvre d'une donation pure et simple de biens à venir, cela n'est pas plus permis dans le second.

Notre assimilation des successeurs universels contractuellement institués, et des donataires universels dont parlent les art. 1084-1085, est maintenant justifiée. Nous avons déjà justifié l'assimilation des institués contractuels en concours ou sans concours avec des héritiers réservataires, avec les successeurs testamentaires, continuateurs ou non de la personne du défunt.

SECTION IV. — RÈGLES SPÉCIALES AUX DISPOSITIONS EN USUFRUIT.

Sommaire.

Elles ne sont que des dispositions à titre particulier.—Elles peuvent porter sur une universalité, sur une quotité, sur des biens déterminés. — Les règles de la contribution de l'usufruitier sont les mêmes, qu'il prenne son titre dans la loi, dans un testament, dans une institution contractuelle.
Ancienne jurisprudence. — Observations de Lebrun. — Explication des art. 610, 611, 612 Cod. Nap.

La doctrine est à peu près unanime sur le caractère des dis-

Répétition intentionnelle d'une image

NF Z 43-120-4

positions en usufruit. Elles ne peuvent être que des dispositions à titre particulier, quels que soient les biens sur lesquels
l'usufruit doive porter. Du moment que la jouissance seule est
attribuée, ni l'universalité des biens, ni une quote de cette
universalité n'est distraite de la succession *ab intestat*. En
dehors de cette idée, sur laquelle l'art. 1010 du C. Nap. ne
permet pas un seul doute, la loi a pu considérer les dispositions en usufruit comme grevant une universalité de biens,
ou une quotité, ou des biens particuliers.

Il est d'un bon administrateur d'équilibrer le revenu actif et
le revenu passif, et le successeur en usufruit pourra être tenu
de contribuer au payement des intérêts des dettes héréditaires.
Au capital actif se rapportera le capital passif, et de même pour
les revenus. *Æs quidem alienum pro portione ex quâ quisque
defuncto heres extiterit præstari oportet ; annonas autem is sol-
vere debet qui possessiones tenet et fructus.* (L. 2, C. *de Annonis
et trib.*)

L'usufruit peut être légalement constitué, comme dans le
cas de l'usufruit du père de famille sur les biens de ses enfants (1) ; il peut aussi faire l'objet d'une disposition testamentaire ou d'une institution contractuelle. Mais nous n'avons pas
à étudier divisément ces usufruits divers ; leurs titulaires ne
sont jamais tenus que *ob rem*, et les règles de la contribution
leur sont communes.

Les règles elles-mêmes nous sont déjà connues, et ce sont
les principes généraux des sections précédentes qu'il faut suivre
ici pour obliger aux intérêts de toutes les dettes l'usufruitier
de tous les biens, et le légataire à titre universel d'usufruit à
une part proportionnelle des dettes. Ce qui est spécial aux dispositions de ce genre, c'est la procédure de la contribution.

Elle ne sera pas difficile si l'usufruit est universel ou s'il est

---

(1) D'Argentré, art. 219. — *Cout. de Bretagne*, gl. VII, n° 19.

d'une fraction de *tous* les biens. La contribution est alors fixée par la nature même du legs. Mais, dans les quatre autres cas d'usufruit à titre universel, si l'usufruit porte sur tous les immeubles ou sur tous les meubles, ou sur une fraction des uns ou des autres, quelle sera la base de la contribution?

On fera l'estimation des biens sur lesquels porte l'usufruit et celle de tous les biens héréditaires, et le rapport des deux sommes entre elles dictera le rapport des contributions imposées à l'usufruitier et au nu-propriétaire de la chose.

Mais il se peut faire que la dette soit exigible, et que ces dispositions sur la contribution aux intérêts ne suffisent pas à régler les rapports des parties : par qui le capital sera-t-il remboursé?

L'ancienne jurisprudence était fort embarrassée, et les auteurs « se sont fort donnés la gehenne au sujet de cette ques- » tion (1). » Les uns voulaient forcer l'usufruitier à avancer le capital des dettes, sauf à ses héritiers ou à lui-même à recouvrer le capital, sans intérêts, à la fin de l'usufruit. Ils argumentaient des art. 286 et 287 de la coutume de Paris, en matière de don mutuel. D'autres proposaient d'y obliger le nu-propriétaire, auquel l'usufruitier serait tenu de payer, chaque année, l'intérêt de la somme avancée. D'autres enfin voulaient appliquer une vieille ordonnance de Charles VII et obliger l'usufruitier au payement du tiers; le nu-propriétaire, à celui des deux autres tiers des dettes.

Mais « pour moy j'estime... qu'il n'est pas juste d'obliger » l'usufruitier à l'avance du total de ce qui est dû par luy et le » propriétaire, parce que sa jouissance n'est que momentanée : » non plus que d'y obliger le propriétaire, parce que sa jouis- » sance est différée. Mais chacun y doit contribuer sur-le-champ » à proportion de son émolument, qu'il est plus équitable d'a-

(1) Ricard, *Donations*, 3e part, n° 1532.

« bitrer que d'estimer l'usufruit au tiers de la propriété...,
« toute sorte d'usufruit n'étant pas à comparer au tiers de la
» propriété (1). » Et Lebrun proposait, avec les lois romaines,
une supputation approximativement fondée sur l'âge de l'usufruitier. Les observations de ce judicieux auteur ont été accep-
tées, et les deux premiers moyens ne se retrouvent dans le
Code qu'abandonnés à la volonté des parties. Le troisième et
la computation, fondée sur l'âge, n'étaient qu'arbitraires, et
nous avons mieux aimé suivre, pour tous les cas, ce qu'il avait
dit pour un seul : « Si l'usufruit est universellement de tous les
» biens de la succession, on ne peut manquer en vendant les
» biens pour payer les dettes ; ce qui égale toujours l'usufrui-
» tier et le propriétaire dans la contribution (2). »

Le légataire *particulier* d'un droit d'usufruit ne peut pas,
en vertu des principes généraux que nous avons exposés, être
tenu plus au payement des revenus passifs qu'un légataire à
titre particulier n'est tenu du capital des dettes. Il n'aurait
d'obligation vis-à-vis des créanciers héréditaires qu'à cause
de la détention d'immeubles hypothéqués à leurs créances. Si,
dans ce cas, il était contraint de payer la dette, il aurait
contre le nu-propriétaire de l'immeuble un recours pour les
sommes par lui payées. Si le nu-propriétaire de l'immeuble
n'était pas lui-même débiteur de la dette acquittée, ce recours
ne pourrait être exercé contre lui que pour le capital, et seulement à la fin de l'usufruit. Mais, contre le débiteur de la dette,
un recours serait accordé au nu-propriétaire, qui aurait déjà
remboursé le capital, et à l'usufruitier : l'un pour le capital,
l'autre pour les intérêts. Ils auraient, à cet effet, deux actions :

(1) Lebrun, *Successions*, liv. 1, ch. v, sect. 111, n° 21 et suiv.;
Comp., *eod.*, liv. 1v, ch. 11, sect. 11, n° 26, et l. 32, §§ 8 et 13, D.
de Usu et usufructu.

(2) Lebrun, *eod. loc.*; — Ricard, *eod. loc.* « Il ne se peut imaginer
» de moyen qui les (dettes) divise avec plus de proportion. »

celle de gestion d'affaires et celle du créancier auquel ils sont l'un et l'autre subrogés.

C'est une application spéciale des règles de l'obligation aux dettes, auxquelles nous sommes maintenant arrivés.

———

CHAPITRE II.

DES RÈGLES SPÉCIALES AU DROIT DE POURSUITE DES CRÉANCIERS.

Sommaire.

§ Iᵉʳ. *De la division légale des dettes.* — Les héritiers sont tenus des dettes et charges pour leur part et portion héréditaire (art. 873, 1220 C. Nap.). — La présence de successeurs irréguliers est indifférente relativement aux obligations des héritiers. — *Quid* à l'égard des droits des créanciers ? — Effets des clauses du partage.
Les héritiers ne sont jamais personnellement tenus des dettes et charges que pour leur part et portion héréditaire. — Exceptions. — Explication de la formule *et hypothécairement pour le tout.*
§ II. *Droit de recours.* — Du légataire particulier d'immeubles hypothéqués aux dettes du défunt. — Action de gestion d'affaires. — Subrogation légale. — De l'héritier poursuivi, par la voie hypothécaire, pour des dettes excédant sa part contributoire. — Art. 875 C. Nap. — Effet du bénéfice d'inventaire. — Art. 876 C. Nap.
Parallèle de la contribution et de l'obligation aux dettes.
De la force exécutoire, contre l'héritier, des actes exécutoires contre le défunt.

Nous avons rencontré déjà bien des règles sur le droit de poursuite des créanciers. Nous n'aurons pas à revenir sur la question de savoir si tels ou tels successeurs sont ou non tenus *ultrà vires.* C'était une question commune avec la théorie de la contribution aux dettes, et nous l'avons étudiée d'une manière détaillée. — Il est un principe que nous avons déjà fait connaître, mais sur lequel il nous faut revenir : c'est celui de la division légale des dettes entre les héritiers appelés à la succession.

§ 1. *De la division légale des dettes.* — Nous avons montré comment, en vertu du principe de l'art. 1220 C. Nap., chacun des héritiers, du jour du décès, était tenu des dettes pour la part *dont il est saisi comme représentant du défunt.* Les créanciers héréditaires pourront donc, dès le jour du décès, poursuivre pour cette part chacun des héritiers. C'est ce qu'exprime l'art. 873 en disant : « Les héritiers sont tenus des dettes et » charges de la succession personnellement pour leur part et » portion virile... »

Nous voyons que le Code a, par ce texte, repoussé, comme la presque unanimité de l'ancienne jurisprudence, la disposition de certaines coutumes, qui obligeaient solidairement les héritiers au payement des dettes (1); mais, en parlant de *part virile,* aurait-il voulu parler d'une part *quæ fit numero virorum ?* En comparant les deux articles que nous venons de citer, et en voyant dans l'art. 1475 les mots *part virile* et *part héréditaire* assimilés et confondus, on se convainc que le Code emprunte mal à propos à l'ancienne jurisprudence une expression dont il détourne le sens.

Dans l'ancienne jurisprudence, en effet, la contribution aux dettes était bien, comme dans notre droit, fixée au prorata de ce que chacun prend dans la succession; mais, en présence de la variété infinie des titres et des droits de chacun, il était impossible aux créanciers de proportionner leurs demandes à une contribution qu'il leur était impossible de déterminer. On leur avait permis d'agir contre chacun des héritiers pour une part que le nombre seul des héritiers aurait à déterminer. Il n'en peut plus être ainsi, et il n'est pas douteux que l'action puisse et doive être intentée contre chacun au prorata de sa part héréditaire.

(1) Lebrun, *Successions,* Lv. IV, ch. II, sect. 1re, n° 7.

Il importe peu, du reste, que les héritiers soient saisis de la succession en vertu d'une vocation légale ou d'une disposition testamentaire universelle. La division légale s'exercerait pour ceux-ci comme pour les héritiers légitimes.

Quelques jurisconsultes ont pensé qu'il faudrait encore appliquer les anciennes règles, et décider que les héritiers pourraient être assignés pour leur part et portion virile, dans les cas où il serait nécessaire de rechercher l'origine des biens de la succession, dans le cas des art. 747, 551, 766 C. Nap. — Les créanciers ne peuvent pas connaître cette origine, ni par conséquent la part héréditaire de chacun; ils pourraient agir, contre les héritiers et les donateurs au profit desquels le droit de retour s'accomplit, pour la part virile de chacun. Il nous semble qu'ils pourraient aussi intenter contre les héritiers légitimes une action pour la totalité de leur créance, sauf à ceux-ci à mettre en cause les ascendants donateurs.

Si, en concours avec les héritiers saisis, de simples successeurs aux biens venaient prendre une part de la succession, ils devraient contribuer à l'apurement du passif; mais leur présence n'apporterait aucun changement aux résultats de la division légale. Les héritiers saisis ne sont pas moins tenus pour la part dont ils sont saisis comme représentants du défunt, sauf à eux à exercer un recours contre les successeurs aux biens.

Cette vérité a été méconnue par quelques auteurs (1). Elle était, dans l'ancien droit, le résultat nécessaire des principes. Les héritiers étaient seuls pris en considération, et Pothier résume en ces termes une doctrine unanime : « Quoiqu'il il y » ait des donataires universels ou des légataires universels, » l'héritier ne laisse pas d'être tenu des dettes pour le total, » s'il est héritier unique, ou pour la portion dont il est héritier

---

(1) Toullier (IV, 517 et suiv.);—Chabot (art. 873, no 29);—Grenier, *Donations*, I, 811.

» pour partie, sauf son recours contre les donataires et léga-
» taires universels, pour ce qu'ils en doivent porter (1). » Contre
cette doctrine, on argumente de l'art. 1002, qui aurait sup-
primé l'ancienne règle : *Institution n'a pas de lieu*, et permis de
créer, par un acte de volonté, des héritiers avec les mêmes
rang et prérogatives que les héritiers du sang. Nous avons déjà
vu la vérité de cette observation pour les légataires universels
sans concours avec des héritiers à réserve; mais, dans le cas
de concours qui nous occupe, il en est bien autrement. Aux
héritiers seuls la continuation de la personne et la saisine héréditaire ; à eux aussi l'obligation aux dettes. L'art. 1009, qui
accorde une action directe contre les légataires universels en
concours, peut être écarté par les observations que nous avons
déjà présentées, et par cette observation que l'ancienne jurisprudence avait connu cette action directe, en proclamant
qu'elle ne *désoblige* pas les héritiers envers les créanciers de la
succession (2). Chacun, du reste, reconnaît que la division légale
produirait son effet jusqu'au jour de la demande en délivrance,
et il serait impossible de trouver la raison de distinguer la position des héritiers avant ou après cette délivrance du legs.
Les créanciers ne pourraient savoir dans quelles limites ils
pourraient exercer leurs actions ; il leur faudrait se livrer à des
estimations, bien difficiles pour eux dans le cas où un legs
universel aurait pour objet ou les immeubles ou tous les meubles, ou une quotité des uns et des autres. C'est en ce sens
que se sont prononcés les auteurs qui ont écrit dans ces derniers temps (3).

La présence de successeurs irréguliers ne serait pas absolu-

(1) *Successions*, ch. v, art. 3, § 1;—Lebrun, liv. iv, ch. 2, sect. 1re,
§ 5.

(2) Pothier, *eod. loc.*

(3) Aubry et Rau, t. iv, p. 492;—Marcadé, art. 873, 11;—Duvergier
sur Toullier, *loc. cit.*

ment indifférente pour les créanciers ; elle créerait pour eux une faculté de plus : celle de poursuivre directement ces successeurs irréguliers. L'ancienne jurisprudence paraît hésiter à accorder cette action directe contre quelques-uns des successeurs aux biens, « parce qu'ils n'ont la délivrance des choses « données qu'après les dettes prélevées et payées (1). » Cependant cette action est généralement accordée aux créanciers (2) ; et aujourd'hui elle ne peut être douteuse, ne fût-ce que par application de l'art. 1166 C. Nap.

De même, il ne serait pas dérogé aux conséquences de la division légale par les dispositions particulières que pourrait contenir le partage entre les héritiers. Chacun d'eux pourrait toujours être poursuivi personnellement pour sa part et portion héréditaire. Les clauses par lesquelles un des cohéritiers aurait été chargé de payer toutes les dettes ou une part plus grande que sa part héréditaire n'auraient pas *désobligé* les cohéritiers, mais seulement accordé aux créanciers un droit de poursuite analogue à celui que nous avons vu tout à l'heure.

Si chaque héritier est, vis-à-vis des créanciers héréditaires, tenu toujours pour la part pour laquelle il représente le défunt, il est aussi juste de dire qu'il n'est tenu que pour cette part. Une succession est déférée à trois héritiers, chacun pour un tiers : chacun est tenu pour un tiers des dettes. — Le passif dépasse l'actif, et l'un d'eux accepte sous bénéfice d'inventaire, — la différence, qui existe entre sa part dans l'actif et celle pour laquelle il aurait été tenu des dettes, tombera-t-elle à la charge des deux autres héritiers ? Il faut sans aucun doute répondre négativement. — L'insolvabilité de l'un des cohéritiers n'apporte, en effet, aucune modification au principe de la division légale des dettes, et la part de l'insolvable ne peut

(1) De Laurière, *sur Rég.* 313 de Loysel.
(2) Ricard, *Donations*, liv. III, n° 1515.

tomber à la charge de ses cohéritiers solvables. C'est ce que
Pothier démontre avec sa lucidité irrésistible, en l'appuyant
« sur les principes de la raison naturelle et de la nature même
» de la qualité d'héritier (1). »

Il résulte de ce qui précède qu'un jugement qui condamnerait plusieurs cohéritiers en leur qualité de cohéritiers ne ferait porter la condamnation sur chacun qu'à proportion de sa
part héréditaire. De même les créances de l'un des cohéritiers
contre l'hérédité et celles de l'hérédité contre l'un des cohéritiers ne s'éteindraient pas par confusion pour l'excédant de la
part héréditaire de ce cohéritier (2).

Ces règles seraient aussi appliquées au cas où plusieurs cohéritiers viendraient par représentation prendre une part de
l'hérédité. La dette de celui qu'ils représentent s'est divisée
entre eux, et les conséquences de cette division légale sont
identiques à celles que nous avons fait connaître. « Il se fait
» entre eux une subdivision de cette part, parce que l'action
» personnelle n'emporte jamais aucune solidité et que la re-
» présentation même n'est pas individué, chacun représentant
» pour la part dont il est actuellement ou dont il aurait pu
» être héritier (3). »

Le principe qu'un héritier ne peut être tenu à plus que la
division légale ne lui fait supporter souffre quelques exceptions. La première est lorsque la dette est indivisible soit *na-*
turâ, soit *obligatione* (art. 1217, 1218 C. Nap.). Chaque obligé
pourrait être poursuivi pour le tout. Il en serait de même dans
le cas prévu par l'art. 1221, 5°, C. Nap., où il s'agit d'une obligation divisible, mais dont le payement ne peut avoir lieu divisément.

(1) Pothier, *Obligations,* n° 310 ; — Toullier (IV, n° 532); — Duranton (VII, p. 444).

(2) Chabot, art. 873, n° 10.

(3) Lebrun, *Successions,* liv. IV, ch. II, sect. 1re, n° 10.

Une exception aussi fort importante est celle qui se présente
quand la dette, quoique divisible, est garantie par une hypothèque (1). C'est ce qui explique la seconde partie de la formule
de l'art. 875 :... *et hypothécairement pour le tout.* — Pour se
convaincre qu'il ne s'agit pas ici d'une hypothèque légale qui
existerait au profit des créanciers, comme elle existe dans l'article 1017 au profit des légataires, il n'y a qu'à se rappeler
l'origine de ces deux dispositions de nos lois. L'une nous vient
de la loi *Un. C. communia de legatis ;* l'autre est la reproduc-
tion de la coutume : « Toutefois, s'ils sont détenteurs d'héri-
» tages qui aient appartenu au défunt, lesquels aient été obligés
» et hypothéqués à la dette *par ledit défunt*, chacun des hé-
» ritiers est tenu payer le tout, sauf son recours contre ses
» cohéritiers (2).

» Il n'y a pas d'hypothèque expresse dans l'adition d'hé-
» rédité, et la tacite n'est établie par aucune loi, le droit
» n'inférant de l'adition d'hérédité qu'une simple obligation
» personnelle (3).

» Ceux qui sont simples créanciers chirographaires lors de
» la mort de leur débiteur ne peuvent jamais devenir créan-
» ciers hypothécaires de sa succession, mais seulement de son
» héritier (4). »

Pothier avait (ch. V, art. IV) tiré les conséquences de ces
principes. La clause par laquelle un débiteur hypothéquerait
ses biens et ceux de ses héritiers serait nulle, à l'égard des biens
de ces héritiers. Le jugement de condamnation qu'obtien-
draient les créanciers chirographaires du défunt contre l'héritier, n'aurait pas pour effet de rendre la dette hypothécaire
pour le tout, mais seulement pour la part dont cet héritier est

(1) L. 2, C. *Si unus ex pluribus.*
(2) Cout. de Paris, art. 333.
(3) Lebrun, *loc. cit.*, nᵒˢ 34 et 35.
(4) *Eod. loc.*, no 12, *in fine.*

personnellement tenu. Les créanciers ne l'obtiennent que comme créanciers de l'héritier, et non comme créanciers du défunt.

Cette interprétation de l'ancienne jurisprudence sur la règle : *La mort fixe l'état des biens et les dettes d'un homme*, doit être suivie dans notre droit, et la dérogation au principe de la division légale ne peut être concédée que pour le cas où l'hypothèque est antérieure au décès. — En ce cas, il est certain que le détenteur de l'immeuble hypothéqué peut être poursuivi pour la totalité de la dette (2114, 2168 C. Nap.).

§ II. *Droit de recours.* — L'art. 875 ajoute, à l'imitation de la Coutume de Paris, «..... sauf leur recours soit contre leurs » héritiers, soit contre les légataires universels, à raison de la » part pour laquelle ils doivent y contribuer; » il faut y ajouter : contre les légataires à titre universel, les successeurs irréguliers et tous ceux qui sont personnellement tenus d'une part des dettes, suivant les principes que nous avons exposés au précédent chapitre.

Avant d'étudier avec détail ce droit de recours, remarquons que ce n'est pas seulement contre les héritiers détenteurs d'immeubles hypothéqués par le défunt que se peut exercer le droit de poursuite des créanciers, mais encore contre tous les détenteurs d'immeubles hypothéqués : enfant naturel, donataire ou légataire universel, légataire à titre particulier; c'est l'application de l'art. 2168. — Mais, de même que l'héritier, comme continuateur de la personne, peut être obligé de payer plus que sa part contributoire dans les dettes, et par suite exercer un recours contre les contribuables pour lesquels il se trouve avoir payé, de même le successeur qui, poursuivi par la voie hypothécaire, paye les dettes, a un recours contre les contribuables pour le compte desquels il se trouve avoir payé.

Il faut distinguer suivant qu'il était ou non de ceux qui devaient contribuer au payement.

Parmi les successeurs qui ne sont pas obligés de contribuer au payement des dettes de la succession, et qui cependant peuvent être poursuivis par la voie hypothécaire, au premier rang, se rencontrent les successeurs à titre particulier. Si, à Rome (1), l'héritier était obligé de dégager des hypothèques l'immeuble légué dont les charges avaient été connues du testateur, il n'en est ainsi que par exception en droit français. (Art. 1020 C. Nap.) Le légataire à titre particulier peut être poursuivi par la voie hypothécaire, et, s'il paye, il aura contre les contribuables un double recours ou plutôt une double action.

La première est une action de *gestion d'affaires* (art. 1372, 1375 C. Nap.); et cette action est garantie par l'hypothèque légale accordée par l'art. 1017. Ce n'est pas le lieu d'entrer dans l'étude de cette hypothèque, ni de son origine, ni de la solution donnée par notre législation aux controverses des anciens auteurs sur le sens de l'un des textes du droit. Constatons seulement que cette hypothèque permettrait de *recourir pour le tout* contre celui des contribuables qui aurait dans son lot un immeuble de la succession, et d'être payé, sur la vente de cet immeuble, *par préférence* aux créanciers personnels du contribuable qui le détient.

Mais la loi n'accorde pas au légataire qu'une action de ce genre; elle lui accorde une subrogation légale aux droits des créanciers qu'il désintéresse. Il ne faudrait pas croire que la subrogation n'ajoute rien aux garanties que le légataire tient de l'art. 1017, car le créancier peut avoir des hypothèques sur des biens qui ne font pas partie de la succession. Il peut se faire que le créancier qu'il paye ait une hypothèque depuis longtemps inscrite et primant d'autres créanciers qui eux-mêmes auraient primé l'hypothèque légale : les droits du créancier pouvaient être garantis par une caution; il pouvait avoir un

(1) § 5, Inst. *de Legatis.*

5

codébiteur solidaire, un droit de contrainte par corps. Dans tous ces cas, il est évident que la subrogation sera préférable au droit hypothécaire que puise le légataire dans l'art. 1017 C. Nap. (1).

Remarquons que si l'immeuble avait été hypothéqué par le défunt, non pour garantir sa dette, mais pour garantir celle d'un tiers, il n'y aurait pas d'engagement personnel de sa part, ni de celle de ses représentants. Le légataire poursuivi hypothécairement n'aurait pas de recours contre les héritiers du défunt, mais seulement contre le tiers débiteur de la dette, et seul engagé personnellement.

Il peut arriver que le legs particulier ait été fait par préciput et hors part à l'un des héritiers qui doivent venir au partage de la succession. Cet héritier réunirait alors le double titre de légataire et d'héritier : en sa qualité de légataire, il n'est pas tenu de contribuer au payement des dettes pour la valeur du legs particulier; mais, si ce legs est d'un immeuble grevé d'hypothèque, et si, poursuivi par le créancier hypothécaire, l'héritier légataire est obligé de payer la dette, quel sera son recours contre les autres héritiers?

L'art. 875 C. Nap. prévoit un cas qu'il faut d'abord examiner. L'un des cohéritiers ou successeurs universels a, par l'effet de l'hypothèque, payé au delà de sa part dans la dette commune; il se trouve certainement dans le cas de l'art. 1251, 3°. Il existe en sa faveur une subrogation légale aux droits du créancier qu'il désintéresse. Ces mots de l'art. 875, « même dans le cas où le « cohéritier qui a payé la dette se serait fait subroger aux droits « des créanciers, » sembleraient faire croire que cette subrogation ne pourrait être que conventionnelle; mais l'explication de cette anomalie apparente est facile à fournir. L'article 1251 C. Nap., appliquant les célèbres leçons que Dumoulin avait faites à Dôle, créa un droit nouveau sur lequel on n'avait pas encore

(1) V. Mourlon, t. II, p. 178, 185 et 613.

pris de parti lors de la rédaction de l'art. 875. Cette rédaction
est empruntée à Pothier, qui ne connaissait pas la subrogation
de plein droit. — La subrogation accordée au cohéritier se distingue profondément de celle qui aurait lieu dans les cas ordinaires.

S'il n'y a dans la succession d'autres immeubles hypothéqués
à la créance payée par le subrogé, que ceux compris dans le
legs de celui-ci, il ne pourra exercer de recours que pour la
part contributoire de chacun, dans les limites de l'art. 875. —
Le créancier n'aurait pu autrement agir contre les héritiers. —Au
contraire, si d'autres immeubles que ceux qui composent le
legs ont été hypothéqués et se trouvent entre les mains d'un
ou de plusieurs autres cohéritiers, le subrogé devrait pouvoir
recourir contre chacun des détenteurs pour toute la dette que
lui-même ne devait pas personnellement. Cette application des
principes généraux conduisait à un circuit d'actions qu'il aurait
fallu éviter, s'il n'y avait eu d'autres principes pour modifier ces
conséquences. « Les cohéritiers demeurent respectivement ga-
» rants les uns envers les autres des troubles et évictions qui
» procèdent d'une cause antérieure au partage. » (Art. 884
C. Nap.) — De cette obligation réciproque de garantie il résulte qu'un cohéritier ne peut lui-même évincer son cohéritier,
et qu'il ne peut réclamer de lui que la part contributoire à laquelle est obligé celui dont il a payé la dette.

C'est l'explication de l'art. 875 : « Le cohéritier.... n'a de recours contre les autres..... que pour la part que chacun d'eux
doit personnellement en supporter.» Il est évident que si le cohéritier ne veut se servir de la subrogation légale, il pourrait invoquer la gestion d'affaires pour rentrer dans les avances qu'il
lui a fallu faire.

Résolvons maintenant la question que nous avons posée avant
ces explications sur l'art. 875, et disons que le recours accordé
à l'héritier légataire par préciput ne pourrait s'exercer comme

celui du légataire étranger. Il lui faudrait suivre les règles de l'art. 875, car les deux qualités sont inséparables : il est tenu par l'une à garantir, il ne pourrait évincer en s'appuyant sur l'autre.

La même raison obligerait l'héritier à suivre la même voie au cas où il serait précisément le créancier primitif de la dette hypothéquée sur les immeubles échus à ses copartageants. Ces vérités n'ont été méconnues par certains auteurs (1) que parce qu'ils avaient, un moment, perdu de vue les conséquences de l'obligation réciproque de garantie.

Le bénéfice d'inventaire aurait ici beaucoup d'importance. La séparation des patrimoines qui en résulte fait considérer, comme un étranger à la succession, l'héritier qui l'obtient. Il peut réclamer sa dette, comme le ferait un étranger, *pour le tout*, sauf la fraction éteinte par la confusion. Cette circonstance que la créance lui aurait été cédée après l'ouverture de la succession n'apporterait aucun changement à cette situation juridique. Il aurait, « par le bénéfice d'inventaire, conservé la faculté de ré-
» clamer le payement de sa créance personnelle, comme tout
» autre créancier. » (Art. 875.) — C'est bien l'art. 874 qu'il pourrait invoquer et les droits que nous avons précédemment expliqués.

Nous passons en revue les exceptions que peut recevoir le principe que les héritiers ne doivent être tenus à payer des dettes plus que leur part et portion héréditaire. Nous en avons une encore à faire connaître; elle n'est guère qu'une conséquence de celles que nous venons d'étudier.

Si une dette est purement personnelle, l'insolvabilité de l'un des contribuables n'a aucune influence sur les droits, sur les obligations des autres; mais, au contraire, si la dette était hypothécaire et que l'un des cohéritiers ait été forcé de la payer tout entière, cette insolvabilité ne devra pas être supportée par

(1) Chabot, art. 875, n° 3. — Toullier, IV, 533.

le seul héritier poursuivi. Les principes de la garantie réciproque des cohéritiers exigent que cette insolvabilité soit supportée au marc le franc entre celui qui exerce son recours et ceux contre lesquels il l'exerce (art. 876). — Ajoutons qu'il en serait ainsi dans tous les cas où l'un des successeurs universels aurait, par une cause quelconque, payé dans la dette commune une part plus grande que sa contribution et trouverait un insolvable parmi ceux qui le doivent indemniser. — Art. 884, 885 Code Nap.

Nous pouvons maintenant comparer ces deux théories de la contribution et de l'obligation aux dettes ; elles sont corrélatives, mais distinctes. — Les règles de la contribution aux dettes peuvent être modifiées par les arrangements des cohéritiers, sans que l'obligation soit pour cela changée, et d'un autre côté il arrive quelquefois que, par la seule force de la loi, l'obligation aux dettes est différente de la contribution. L'obligation est différente de la contribution dans les cas qui suivent :

1° Quand par les dispositions du partage les cohéritiers ont modifié la contribution ;

2° Quand il y a des héritiers et des successeurs aux biens, et que le passif est plus considérable que l'actif ;

3° Quand la dette est indivisible (art. 1217, 1218 et 1225) ;

4° Quand la dette est d'un corps certain (art. 1221, 2°) ;

5° Quand le *de cujus* est convenu avec le créancier que la dette serait acquittée par un seul héritier (art. 1221, 4°) ;

6° Lorsque la dette est hypothécaire.

Nous n'avons plus qu'à rechercher quelle serait, contre les héritiers, la force des actes exécutoires contre le défunt. Notre droit a appliqué plus logiquement que l'ancienne jurisprudence le principe de la continuation de la personne. Celle-ci, en effet, n'avait pas admis que les actes exécutoires contre le défunt le fussent également contre l'héritier « jusqu'à ce qu'il se soit

» obligé par un titre nouvel devant notaire ou condamné par
» une sentence... *Toutes exécutions cessent par la mort de
» l'obligé* (1). »

L'art. 877 donne aux actes dont nous parlons la même force
contre les héritiers que contre le défunt; seulement il faut qu'ils
soient connus de ces héritiers, qui peuvent bien être obligés par
eux, mais ne les ont pas rédigés. Le créancier, qui voudrait en
poursuivre l'exécution, devrait préalablement les faire signifier
à la personne ou au domicile de l'héritier, et laisser passer huit
jours entre la signification et les poursuites à entreprendre. Il
n'est pas douteux que cette signification pourrait être faite pendant les délais accordés pour faire inventaire et délibérer. Elle
n'a pas, en effet, pour objet de forcer l'héritier à prendre qualité, mais seulement de lui faire connaître des actes dont il ne
doit pas ignorer l'existence et la force exécutoire contre lui.

Cette signification des actes est-elle interruptive de prescription? Nous ne le pensons pas. Les moyens d'interrompre la
prescription sont énumérés d'une manière restrictive dans les
art. 2244 et suivants; il serait impossible de faire rentrer cette
signification dans l'une des cinq classes qui y sont établies. Cependant on admettrait que, si le délai de la prescription s'accomplissait durant cette huitaine, pendant laquelle les effets
des actes exécutoires sont suspendus, on considérerait cette
prescription comme non accomplie, on la dirait suspendue :
Contrà non valentem agere... C'est l'opinion équitable; mais
est-elle juridique, en présence du texte si formel et absolu de
l'art. 2251, C. Nap.? Nous n'oserons pas le croire. Pour nous, en
effet, il est évident que la loi a craint les impressions individuel-
les et a voulu supprimer les embarras que suscitait la maxime
d'autrefois.— « La prescription court *contre toutes personnes*, à

(1) Cout. d'Orléans, art. 433, — de Paris, art. 168, 169. —
Pothier, *Successions*, ch. v, art. 4.

» moins qu'elles ne soient dans quelque exception établie par
» la loi (1). »—Il nous serait plus facile d'adopter l'opinion des
jurisconsultes qui, ne voulant pas laisser le créancier désarmé
dans la position commandée par l'art. 877, lui accordent la
faculté de faire signifier un commandement, non pas à l'effet
de commencer des poursuites (il ne pourrait pas seulement faire
courir les délais de la saisie immobilière), mais seulement à
l'effet d'interrompre la prescription.

S'il s'agissait de successeurs aux biens, et non d'héritiers, on
est généralement d'accord et on reconnaît qu'il faudrait, pour
les créanciers héréditaires, obtenir un jugement de déclaration
des titres qu'ils peuvent avoir contre la succession.

Les créanciers, qui auraient obtenu jugement contre le défunt, pourraient sans doute, même après la mort de celui-ci,
prendre inscription sur ses biens ; mais ils ne pourraient pas
étendre leur hypothèque judiciaire jusque sur les biens de l'héritier. C'était la décision du droit romain pour le cas où un
débiteur avait par contrat engagé l'universalité de ses biens.
(l. 20, pr., D. *de Pignoribus*), et cette décision peut de tout
point s'appliquer à la matière que nous traitons.

CHAPITRE III.

DU BÉNÉFICE D'INVENTAIRE DANS SES RAPPORTS AVEC LA THÉORIE DU PAYEMENT DES DETTES.

Nous avons déjà, dans la généralisation qui précède ces deux
chapitres détaillés, indiqué le rôle du bénéfice d'inventaire et les
modifications qu'il apporte aux conséquences de la continuation

---

(1) Art. 2251. — *Vid.* Coin-Delisle, *Revue de droit franç. et étrang.*, 1847, p. 285 et suiv. ; — Marcadé, art. 2251. — *Contrà*, Troplong, n° 727. — Merlin, *Rép.*, v° *Prescription*.

de la persònue; nous pouvons maintenant les déterminer avec une précision plus grande.

Son but unique est d'empêcher les successeurs d'être inquiétés sur leur propre patrimoine ; il ne faut pas que l'hérédité leur soit onéreuse et funeste : *Quatenus pro his tantummodo rebus contenientur quas in hæreditate defuncti inteverint; ipsorum autem bona a creditoribus hæreditariis non inquietentur* (1). Il y en a assez pour nous montrer que ce bénéfice n'est accordé et ne peut être utile qu'aux successeurs, continuateurs de la personne ; puisque eux seuls doivent acquitter encore les dettes, quand les biens héréditaires sont épuisés.

C'est cette modification des obligations des successeurs, tenus des dettes *ultrà vires*, que nous voulons rappeler dans la première partie de ce troisième chapitre. Elle se résume tout entière dans un principe : les deux patrimoines seront séparés. C'est de ce principe que découleront les conséquences suivantes : 1° l'héritier bénéficiaire ne sera jamais tenu des dettes que jusqu'à concurrence des biens héréditaires ; 2° il pourra se décharger du fardeau de l'administration de la succession en abandonnant tous les biens héréditaires à tous les créanciers du défunt ; 3° la confusion n'éteindra aucun des droits personnels ou réels que le patrimoine de l'héritier pouvait exercer contre le patrimoine du défunt, et réciproquement (art. 802 C. Nap.). — Si la prescription des créances que l'héritier bénéficiaire pourrait avoir contre la succession, comme celle des droits que la succession pourrait avoir à exercer contre le patrimoine de l'héritier, est suspendue, c'est que, malgré la distinction des deux patrimoines et des deux personnes, des rapports d'administration sont établis par la loi, qui rendent la prescription impossible (art. 2258 C. Nap.).

La séparation des deux patrimoines place l'héritier béné-

(1) L. 22, pr., C. *de Jure deliberandi.*

ficiaire, en ce qui concerne le payement des dettes, dans la position d'un simple successeur aux biens. Pour celui-ci, en effet, c'est son titre même qui renferme la séparation des patrimoines : « Il contient une espèce de bénéfice d'inventaire (1). »

Nous sommes amenés à l'examen d'une question commune à toute la théorie du payement des dettes, et par laquelle nous devons terminer. — Les successeurs aux biens ne sont tenus qu'*intrà vires* et sans avoir besoin du bénéfice d'inventaire. C'est ce que répètent tous les anciens auteurs : « Les » légataires ou donataires universels ne sont pas obligés d'ac-» cepter sous bénéfice d'inventaire, comme il a été jugé par » des arrêts (2). » Certaines coutumes en avaient une disposition expresse : « Tous seigneurs appréhendant biens d'au-» bains, bâtards et serfs seront sujets de payer leurs dettes à » rate et proportion desdits biens (3). » Mais, pour conserver cette position de n'être tenus aux dettes que dans les limites des forces de la succession, les successeurs aux biens devront-ils dresser un inventaire des biens qui composent le patrimoine héréditaire? S'ils n'ont pas fait cet inventaire, seront-ils tenus indéfiniment des dettes?

L'ancienne et la moderne jurisprudence sont toutes les deux profondément divisées sur ce point. Ricard n'accordait aux créanciers d'autre droit, contre les successeurs aux biens qui n'ont pas fait d'inventaire, que celui de prouver, *par tous les moyens*, la valeur de la succession. « L'action des créanciers » contre le donataire doit être poursuivie de la même façon » que si elle était intentée contre un possesseur particulier, qui » se serait emparé des biens particuliers sans compte ni me-

(1) Lebrun, *Successions*, liv. III, ch. IV, n° 78.
(2) Ferrière, *Cout. de Paris*, art. 334, n° 12. —De Laurière, *sur Loysel*, règle 813. — Pothier, *sur Orléans*. — Introd. au tit. XVII, n° 113.
(3) Cout. de Hainaut, ch. CXXIII, art. 4.— Cout. de Laon, art 87.

» sure, que l'on ne condamnerait pas pour cela infiniment et
» en son propre et privé nom, mais qu'on obligerait à rap-
» porter les effets qu'il serait convaincu d'avoir divertis, sui-
» vant l'estimation des biens faite par commune renommée,
» joint le serment *in litem* (1). »

D'autres, au contraire, accordaient aux créanciers tous les
droits qu'ils auraient eus contre un héritier pur et simple.
« Si le donataire s'était mis en possession des biens après la
» mort du donateur sans en faire un inventaire, il ne pourrait
» plus diviser la donation, et sa condition serait la même que
» s'il était héritier pur et simple (2). » C'était le système qui
dominait l'ancien droit, et Brillon (3) rapporte que, « par
» arrêt rendu le 14 mai 1691, au rapport de M. Lescalopier, en
» la première chambre des enquêtes, il a été jugé que, faute
» par un légataire universel d'avoir fait faire inventaire, les
» créanciers de la succession pouvaient s'adresser sur ses
» propres biens, y ayant confusion, nonobstant la renoncia-
» tion par lui faite au legs universel pendant le procès, *et il*
» *soutint que sa défunte mère n'avait laissé aucuns biens, et*
» *qu'enfin il offrait prouver par la commune renommée, se sou-*
» *mettant même à la peine du quadruple si on prouvait qu'il*
» *avait profité de quelque chose.* »

La division de la doctrine s'est continuée (4). Il nous semble

---

(1) Ricard, *Donations*, 3ᵉ partie, nᵒˢ 1517, 18, 19. — Guy-Pape,
Quest. 333. — Furgole, art. 17 de l'ord. de 1731.

(2) Domat, 2ᵉ part., l. 1, tit. 1, sect. 3, art. 6.

(3) Vᵒ *Inventaire*, nᵒ 23.—*Adde* Pothier, *Success.*, ch. v, art. 2,
§ 3. — Bacquet, *Droits de déshérence*, ch. III, nᵒ 9. — Lebrun,
loc. cit.

(4) Demante, *Cours analyt.*, nᵒ 90 *bis*, II. — Marcadé, art. 793.
— Berriat St-Prix, *Rev. de législation*, 1852, p. 460. — *Contrà*,
Merlin, *Rép.*, vᵒ *Dettes*, p. 523.—Chabot, art. 773, nᵒ 14.—Duran-
ton, t. 7, nᵒ 14. — Duvergier, *sur Toullier*, anc., t. IV, nᵒ 522.

cependant que la vérité n'est pas ici difficile à découvrir.

Il nous paraît incontestable que l'assimilation entre le successeur aux biens qui n'a pas fait inventaire et l'héritier pur et simple est une complète erreur. Il y a des différences qui subsistent, et les partisans du premier système avaient pleinement raison dans leur réfutation (Ricard, n° 1517). Ils ont raison d'opposer « que c'est le titre en vertu duquel on se met en possession » des biens, et non cette possession même, qui assujettit aux » dettes, selon l'art. 13, tit. 123 Cout. de Haynaut. » (Lebrun, *eod.*)

Mais de ce que l'absence d'inventaire ne peut modifier le titre en vertu duquel possède le successeur aux biens, il ne s'ensuit pas qu'elle sera sans influence sur sa position. Examinons :

Le successeur aux biens est, par application des principes des art. 1009 et 1166, personnellement tenu des dettes pour sa part et portion. Si le passif est plus considérable que l'actif, il n'est tenu de répondre à la poursuite que jusqu'à concurrence de l'émolument. Pour cela, il opposera comme exception son titre de simple successeur aux biens. Mais c'est ici le lieu d'appliquer la maxime : *Reus excipiendo fit actor*, et c'est à lui qu'il incombera de prouver l'insuffisance de l'émolument.

En accordant aux créanciers héréditaires, contre le successeur aux biens qui n'a pas fait inventaire, que la faculté de prouver la consistance de la succession, Ricard déplace le fardeau de la preuve, et c'est l'erreur de son système. Les créanciers n'ont rien à prouver; c'est contre eux que le successeur doit établir l'insuffisance de l'émolument. « Si l'on en » usait autrement, disait Lemaistre, si un légataire universel » en était quitte pour rendre les effets dont on justifierait qu'il » se serait emparé, ce serait donner lieu à la fraude et l'en- » gager à ne pas faire inventaire, parce que, comme la preuve » serait difficile, il pourrait toujours profiter d'une partie des

» effets (1). » Pour parer à tous les inconvénients, il faut, avec les règles les plus certaines du droit, faire peser sur le successeur le fardeau de la preuve.

Voilà pourquoi le successeur aux biens, dispensé d'obtenir ce bénéfice, est en général obligé de faire dresser l'inventaire pour constater légalement les forces de la succession. « S'ils se » sont mis en possession sans cela..., ils seront tenus indéfi- » niment des dettes, et ils ne seront pas reçus pour s'en dé- » charger d'offrir, d'abandonner ou de tenir compte des biens, » *s'étant mis par leur faute hors d'état d'en pouvoir constater* » *la quantité* (2). »

Est-ce à dire que les droits des créanciers en seront aug- mentés, qu'ils auront contre le successeur aux biens les mêmes droits que contre un héritier ordinaire? Pas le moins du monde. Tout ce qu'ils acquièrent, c'est une très-favorable présomption. Cette présomption, qu'un inventaire aurait empêché de naître, pourrait tomber devant l'existence de *quelque autre acte équiva- lent* (3), comme si le défunt avait par des notes précises établi l'importance de sa fortune. Si le successeur irrégulier venait, à défaut d'inventaire fidèle, à être tenu *ultrà vires*, ce ne serait qu'à cause de « l'impossibilité de justifier d'une manière régu- » lière de l'importance de son émolument (4). »

———————

Après avoir posé les principes du droit de succession et les divisions diverses des successeurs, nous avons montré, dans l'existence de la saisine inséparable de la continuation de la

(1) Cité par Duvergier.
(2) Pothier, *loc. cit.*
(3) *Eod. loc.*
(4) Aubry et Rau, note 23 sur le § 638 de Zacharie. — La remar- quable exposition de M. Troplong, *Donations*, n°s 2419 et suiv.

personne, la règle de toute étude sur le payement des dettes de succession. Prenant alors les unes après les autres les diverses espèces de successeurs appelés par la loi, par un testament ou une institution contractuelle, nous avons recherché quelles seraient, pour chacune d'elles, les règles de la contribution aux dettes. Elles sont quelquefois différentes de celles qui régissent le droit de poursuite des créanciers. Nous avons recherché les règles spéciales de ce droit de poursuite, et, après avoir montré comment les principes généraux de la théorie peuvent être modifiés, en faveur des héritiers, par le bénéfice d'inventaire ; contre les simples successeurs, par l'absence d'inventaire, nous arrêtons cette étude du payement des dettes dans les successions.

Pour être complète, elle aurait dû peut-être comprendre l'examen de certains droits des créanciers héréditaires : celui que l'art. 882 C. Nap. leur réserve et la séparation des patrimoines. L'art. 882 doit être compris dans une théorie du partage. Pothier comme Lebrun (1) avaient uni la séparation des patrimoines à leurs chapitres sur les actions accordées aux créanciers héréditaires ; mais elle présente une trop importante doctrine pour n'avoir qu'une place secondaire dans une dissertation du genre de celle-ci.

(1) Pothier, *Success.*, ch. v, art. 4. — Lebrun, *Success.*, liv. iv, ch. ii, section 1re.

DE LA

LITIS CONTESTATIO

ET

DE LA CONTESTATION EN CAUSE.

ÉTUDE HISTORIQUE DES PROCÉDURES ROMAINE, BARBARE, FÉODALE ET COUTUMIÈRE.

———

OBJET DE CETTE ÉTUDE.

Doneau, dans ses Commentaires de droit civil (l. xii, ch. 12 et 13), étudiant les contrats réels proprement dits, *in quibus id agitur, ut de re data traditave idem reddatur,* comprend d'abord sous cette dénomination les quatre contrats réels nommés, la constitution de dot et la donation *propter nuptias,* dans lesquels la tradition implique nécessairement convention de restituer. Il y ajoute deux autres contrats dans lesquels le lien de droit ne reçoit pas de nom spécial ; ce sont : le précaire, *tacitam conventionem in se habens ut res data reposcenti, cum videbitur, restituatur;* et le *datum causa non secutum,* reposant aussi sur une convention tacite : *ut quod tanquam debitum, debitum solcitur, si debitum non sit, reddatur.*

L'idée de l'auteur est évidente : dans tous les contrats réels, à côté du fait de la tradition, il y a convention de rendre expresse ou tacite. — Dans le chap. 14, qu'il consacre à l'étude des contrats innommés, cette idée ne l'abandonnera pas, et avec juste raison, puisque les quatre espèces formulées dans la L. 5, D. *de Præscriptis verbis,* expriment disertement la convention de donner ou de faire. — C'est en ce lieu qu'il parle de l'obligation *judicii, seu judicati.*

Cette obligation ne dérive pas seulement du fait du demandeur, mais encore d'un contrat entre les parties. *Fatendum est in litiscontestatione, non esse conventionem apertam, at est tacita.* Le demandeur intente une action pour obtenir l'objet du litige, et le défendeur, en comparaissant, s'oblige à prester la chose, s'il est condamné par le juge. La loi 9, C. *de Obligationibus,* fait bien connaître cette position du défendeur, et c'est à cause de cette convention qu'Ulpien a dit avec vérité : *Sicut stipulatione contrahitur, ita judicio contrahi.* — L. 5, § 11, D. *de Peculio.*

C'est de cette convention tacite que nous avons recherché la formation dans les procédures diverses qui ont abouti à celle que nous pratiquons.

Sous le nom de contrat ou de quasi-contrat, toute la doctrine a reconnu l'existence d'un lien de droit entre les parties qui plaident (1). On indique ordinairement la comparution devant le juge ou la *litiscontestatio* comme lui donnant naissance et lui servant de point de départ. C'est une erreur à laquelle la connaissance incomplète de la procédure romaine, sous le système formulaire, a donné naissance.

En effet, parmi les droits pour la garantie desquels est organisée la procédure, et qui doivent tous se résumer dans le jugement, il y en a qui regardent spécialement la position du demandeur; d'autres au contraire se rapportent à la position commune des deux parties. —Aux droits du demandeur se rapportent la sûreté de la chose litigieuse, l'interruption de la prescription du droit sur lequel l'action est fondée, la novation de ce droit, la transmissibilité de l'action, l'autorité des jugements rendus, l'attribution des fruits et extension de la chose. — Aux droits communs des parties on rattacherait la fixation

(1) Doneau, *loc. cital.* —Savigny, t. vi, p. 31 et suiv. —Poncet, *Traité des jugements,* t. 1er.—Merlin, *Rép.,* v° *Contrat Judiciaire.* — Proudhon, *Traité des droits d'usufruit.* — Hugo, *Histoire du droit romain,* § 230.

de la compétence, la renonciation aux exceptions qui ne sont ni péremptoires ni d'ordre public, la détermination des personnes qui plaident et de l'objet du procès. — Les règles qui dominent les droits de la première classe sont une conséquence de la convention présumée. C'est au contraire la *litiscontestatio*, ou, dans notre procédure, la *position des qualités* (décret du 30 mars 1808, art. 28), qui gouverne la position commune des parties.

Il est remarquable que la *litiscontestatio* modifie les droits qui auraient été accordés au demandeur, si elle n'était pas intervenue. Plaidant contre un adversaire *indefensus*, le demandeur à Rome ne peut qu'être envoyé en possession de la chose litigieuse, ce qui laissera pendante la question de propriété et ne fera que déplacer la présomption. C'était l'opinion des jurisconsultes sur l'édit du préteur, et nos très-anciennes coutumes avaient traduit cette jurisprudence en remarquant qu'il n'en pouvait être ainsi que « là où li deffaulx sont faiz auant liti- » contestacion, car ou li cas et plet est entamez lon ne doit » point jugier a perdre possession pour vertu de deffaulx (1). »

Cependant aucune procédure n'offre un exemple aussi frappant que la nôtre de la distinction qui sépare le lien quasi-contractuel, né de la demande en justice, du lien de l'instance elle-même. Il se rencontre dans l'art. 345 de notre Code de procédure : un procès est intenté pour un mineur qui devient majeur, ou par un demandeur en une certaine qualité ou à raison de fonctions déterminées. Le changement d'état ou la cessation des fonctions du demandeur, arrivant après l'instance liée, n'arrête pas la marche de la procédure, et le procès continue à s'acheminer vers une solution définitive. Si, au con-

---

(1) *V.* Bonjean, *Traité des actions*, § 195 et suiv. — Ulp., *ad Edict*. L. 7, § 17, 18, 19, D. *Quibus ex causis in possess.* — Très-anc. Cout. de Bourgogne, édit. Ch. Giraud, § 310.

6

traire, ces circonstances se produisent avant qu'aucun acte de
procédure n'ait lié l'instance vis-à-vis du défendeur, en mani-
festant sa volonté d'accepter le procès, la marche de la contestation est arrêtée, et les intéressés devront la reprendre à
nouveau en faisant, dans la huitaine, donner au défendeur un
nouvel ajournement. Voilà bien un effet particulier de l'instance liée. — Mais, en ce cas même, le quasi-contrat, indépendant de l'instance, n'est pas sans effet. Si le nouvel ajournement est donné, le procès, par lui repris, aura son point de
départ véritable, pour tout ce qui concerne la position du
demandeur, dans le premier ajournement.

Quand on s'occupe de ces théories, on ne peut qu'être égaré
par les écrits des jurisconsultes qui, sous l'empire des ordonnances, ont traité de la procédure. Pour eux, il n'y a pas de
différence entre le quasi-contrat judiciaire et la *litiscontestatio*.
Il est vrai que tous les effets que nous avons indiqués y avaient
été rattachés par les lois romaines ; mais elles traduisaient les
nécessités particulières du système des formules. Nous nous
sommes efforcé de suivre la destinée de la distinction juridique
et rationnelle de ces deux principes dans les procédures diverses qui nous ont précédés. Ce n'est pas une théorie du
quasi-contrat judiciaire, au point de vue de sa nature, de ses
effets, de sa durée, des voies de recours qui peuvent être
tentées contre lui; c'est une histoire.

En suivant les époques, nous avons analysé tous les actes de
procédure qui nouent l'instance, et recherché le moment précis
où naît, et les actes par lesquels se forme, non la *litiscontestatio*,
que les textes suffisent à déterminer, mais ce lien de la nature
des contrats, qui, obligeant les parties l'une à l'égard de l'autre, sert de point de départ aux droits du demandeur.

PREMIÈRE PARTIE.

DROIT ROMAIN.

———

CHAPITRE PREMIER.

ACTIONS DE LA LOI.

Dans toute la procédure de la république, on retrouve une pensée commune. Le magistrat ne doit pas être mis en contact avec les intérêts privés et les individus. Même pour apporter remède à la violation d'un droit, son initiative est restreinte dans des limites assez étroites. Dédaigneuse de l'application, elle laisse le développement de la procédure être l'œuvre personnelle des parties. Le jugement sera prononcé par un *arbiter* ou par un *judex*, librement élu, et si le condamné, refusant d'obéir, doit subir les rigueurs des lois, c'est le demandeur qui lui-même saisira la personne de l'insolvable (1).

De même, au début de toute action judiciaire, sauf l'exception unique de la *pignoris capio*, mode d'exécution qui n'est déjà plus un procès, nous trouvons un acte d'autorité privée (2) auquel il est coupable de désobéir. « Il est interdit de » résister, sous peine d'être condamné sans pouvoir se dé- » fendre (3). »

On peut voir, en jetant les yeux sur les passages que Brisson

———

(1) Laboulaye, *Caractère polit. des inst. de R.*—Introd. à l'*Hist. de la proc.* de Walter, p. 14.

« Neminem voluerunt majores nostri, non modo de existimatione » cujusquam, sed ne pecuniariâ quidem de re minimâ esse judicem, » nisi qui inter adversarios convenisset. » Cicér., *Pro Cluentio*, 43. — Cité de Fresquet, t. II, p. 308.

(2) Aulu-Gelle, *Noct. attic.*, XIII, 13.

(3) De Fresquet, II, p. 401.

emprunte aux écrivains de Rome, à Plaute, à Térence, à Martial, le caractère dramatique et populaire de cette *vocatio in jus*, dont l'objet était de conduire le défendeur *ad eum qui jus dicturus sit* (1). Les rites en sont connus : l'appel des témoins, qui se laissent toucher l'oreille (2), la *manus injectio* exercée sur le défendeur qui fuit (3), la comparution forcée, *obtorto collo*, devant le magistrat. — Aucun lien de droit n'a pris naissance encore entre les parties ; il se développera bientôt. Pour le mettre en lumière, attachons-nous surtout à la procédure *per sacramentum*, « la plus ancienne, la plus matérielle, celle
» à laquelle chaque innovation est venue faire brèche ; ce-
» pendant, celle qui a duré le plus longtemps, qui a laissé le
» plus de vestiges dans le droit, et qu'il importe le plus d'étu-
» dier (4). »

Au milieu du forum, entre le canal et la voie Sacrée, s'éle-
vait, à quelques degrés au-dessus du sol, un simple hé-
micycle de pierre (5). C'était le tribunal où, pour rendre la
justice, étaient venus s'asseoir les rois et les consuls, et que,
sur une chaise d'ivoire, siégeait le préteur, aux jours que la
religion et l'usage avaient consacrés à l'expédition des affaires (6). — Plus tard, sous la dictature de César, il sera changé
de place, et les empereurs y viendront décider eux-mêmes le
droit ; mais alors, et depuis longtemps, le magistrat sera en-
touré d'un *consilium* nombreux. La justice aura gagné en pompe
extérieure et perdu ses formes sacramentelles, son caractère de
réalité.

(1) Brisson, l. v, *de Formulis.* — § 3, Inst. *de Pœnâ temeré
litigantium.*

(2) « In aure imâ memoriæ locus quem tangentes attestamur. » —
Pline, xi, 45.

(3) Loi des XII Tab. 1re, § 2.

(4) Ortolan, *Just.*, ii, p. 403.

(5) *Description de R. antique*, Desobry, p. 76.

(6) Gaius, *Comm.*, iv, § 29.

Au temps dont nous parlons, ce caractère n'avait encore subi aucune atteinte. La chose elle-même est amenée sur le forum (1), et le procès s'engage par un combat sous les yeux du préteur. — Celui-ci bientôt interpose sa parole et ordonne aux parties de mettre un terme à des violences qui ne peuvent créer aucun droit, même de possession, pour elles. Ces violences ont assez duré quand elles ont déterminé la chose litigieuse, traduit au grand jour la prétention de chacun à en acquérir la propriété et à en arracher la possession à celui qui la détient.

Ce serait peut-être le lieu de rappeler que, pour les immeubles, cette *manuum consertio* était pratiquée sur le terrain litigieux en présence du magistrat qui y avait suivi les parties ; que la multiplicité des affaires ayant rendu impossible cette *deductio* véritable, les parties ne comparaissaient plus devant le tribunal que pour y recevoir l'ordre de revenir et de rapporter *in jure* un fragment de la chose litigieuse, devant laquelle elles auraient d'abord simulé le combat judiciaire. Ce serait le lieu de montrer les progrès de la civilisation et des mœurs, qui modifient ces pratiques et les changent en allées et venues devant le tribunal même du préteur. — Mais, pour les détails du *sacramentum*, nous négligerons de traduire le § 16 du quatrième commentaire de Gaius, et, pour les rites qui le précèdent, nous rappelons seulement les récits curieux d'Aulu-Gelle et les ironies du *pro Murenâ* (2).

Si le combat avait été conduit jusqu'à la fin contre un *hostis*, il aurait conféré au vainqueur le *justum dominium* de la chose en litige (3); mais, entre citoyens romains, il avait été introduit par l'usage, *moribus* (4), que cette *vis civilis et festuca-*

(1) Gaius, *Comm.*, IV, § 16, 17. — Gell., *Noct. attic.*, XX, 1.
(2) Gell., *Noct. att.*, XX, 1 et 10. — Cicér., *Pro Murenâ*, ch. XII.
(3) Gaius, *Comm.*, IV, § 16, *in fine*.
(4) Cicér., *Pro Cæcinâ*, 1, 7, 8, 32.

ria, verbo diceretur, non manu fieret, cum vi bellicâ et cruentâ (1).

Il était certain à l'avance que, par l'autorité du magistrat, la lutte ne devait pas aboutir ; seulement, au moment où cette autorité se montre, les parties sont dans une situation égale l'une à l'égard de l'autre, toutes les deux, armées de la lance ou de la *vindicta* qui la symbolise, prêtes à terminer un combat dont l'issue est douteuse encore. — La propriété, comme la possession de la chose litigieuse, est en suspens.

Placer les parties dans une situation égale, mettre en question tous les droits de propriété ou de possession qu'elles peuvent avoir sur la chose en litige : telles sont les raisons d'être de ce duel simulé, qui prépare les solennités qui vont suivre ; tels sont les effets qui doivent rendre possible la création des divers liens de droit que nous allons voir se former.

Les rites de la revendication sont accomplis. Les plaideurs ont tous les deux juré leur bonne foi (2), et se sont récipro-

(1) Gell., *Noct. attic.*, xx, 10.

(2) « Jus peregi sicut vindictam imposui.» Gaius, *Comm.*, iv, § 16. —C'est cette affirmation solennelle de la bonne foi des plaideurs qui fut l'origine d'une institution que nous retrouvons au temps de Cicéron et des empereurs : tout demandeur, alors surtout qu'il défère le serment, doit être prêt à jurer que lui-même n'est animé d'aucun sentiment de haine et de mensonge; c'est le serment *de calumnia.*—Cic., *Ep. fam.*, viii, 8.— L. 34, § 4, 6, 7, et L. 37, D. *de Jurejurando.*

A peu de distance du tribunal, était placé un petit autel appelé le Putéal de Libon, l'un des endroits les plus fameux du forum. « Il sert de rendez-vous aux plaideurs et aux emprunteurs : aux plaideurs, qui ont affaire au tribunal; aux emprunteurs, la proie des banquiers et des usuriers des *tavernes neuves* et de la *bazylique argentea*. Tous viennent là pour attester les dieux de leur bonne foi et de leur probité, serment qu'ils font en posant la main sur l'autel (*si aram tenens juraret*. Cic., *Pro Flacco*, 36). Il se commet bien des parjures dans ce petit coin du forum! — » Desobry, *R. au siècle d'Auguste*, p. 230.

quement provoqués au *sacramentum* de 500 ou de 50 as , suivant la nature du procès. C'est la somme qui, fixée par la loi
des XII Tables (1), devait être consignée, entre les mains des
pontifes, par chacun des plaideurs (2). — Bientôt, dans les récla-
mations de liberté, il fut permis de fournir des PRÆDES pour la
garantie d'un *sacramentum* non encore consigné (3), et la loi
Pinaria, dans la suite, étendit à tous les procès cette faculté ,
qui rendait plus accessible la justice (4).

Les PRÆDES SACRAMENTI ne sont pas les seules garanties nécessitées par la position des parties. Pendant le temps qui doit
s'écouler de la constitution du *sacramentum* à la sentence du
juge, la chose litigieuse ne peut rester sur la place publique,
comme une épave improductive et négligée. Il faut que le magistrat lui choisisse un possesseur parmi les parties qui plaident, et qu'il change cette égalité de situation sur laquelle nous
avons insisté tout à l'heure. Il appréciera les circonstances, la
possession antérieure, la loyauté habituelle, l'intelligence plus
développée, l'administration plus ou moins soigneuse des parties. Il ne paraît pas s'être encore assujetti aux principes qui
régiront plus tard les interdits possessoires. Il est libre (5); mais
aussi la faveur de cette possession intérimaire n'est pas gratuite. Des répondants doivent garantir la restitution de la
chose et des fruits, si l'issue du procès est défavorable au possesseur choisi.

Après la constitution du *sacramentum* et sa décision sur la

(1) Gaius, *Comm.*, IV, § 14.
(2) « Qui petebat et qui inficiebatur.... ad pontem (pontificem)
» deponebant. » Varro, *de Lingua latina*, IV. 36.
(3) Tit. Liv. III, 46, — procès de Virginie, —parle de *Sponsores*.
(4) Heffter, *ad Gaium, Comm.*, IV, § 13.
(5) Sauf dans la *Liberalis causa*. Les XII Tables disposent que la
possession intérimaire doit toujours être donnée dans le sens de la
liberté. — Tabl. VI, § 5, — Ch. Giraud.

possession provisoire, l'office du préteur sera terminé quand il
aura désigné, le plus souvent sur le choix même des parties (1),
le juge du procès. C'est une controverse historique causée
par une lacune d'un seul mot dans le précieux palimpseste
de Véronne, que de savoir si cette division du procès existait
avant la loi *Pinaria*. La construction grammaticale de Gaius
nous a toujours fait croire l'affirmative ; mais rien encore ne
nous a montré l'importance de la solution, puisqu'on ne peut
indiquer, même approximativement, la date de cette loi. Nous
croyons cependant que « à l'origine les premiers magistrats
» terminaient probablement par eux-mêmes le différend porté
» devant eux, sans renvoyer à un JUDEX l'examen de l'affaire.
» Cicéron semble le dire ainsi, et Denys nous affirme que Ser-
» vius fut le premier qui institua des JUDICES pour les affaires
» civiles (2). »

Dans cette rapide étude, nous ne pouvons insister sur les détails, ni aborder les questions que soulèveraient les premiers
temps de l'institution des centumvirs, dont la compétence
nous est connue par un exposé célèbre de Cicéron (3). Toutes
ces questions touchent plus à l'histoire de l'organisation judiciaire qu'à l'objet de notre recherche. Nous écartons, par une
raison analogue, tout ce qui touche à la distinction de l'AR-
BITER et du JUDEX, bien plutôt qu'à cause de cette invective :
« *Jam illud mihi quidem mirum videri solet, tot homines, tam*
» *ingeniosos, per tot annos, etiam nunc, statuere non potuisse*
» *utrum....* JUDICEM AN ARBITRUM *dici oportere* (4). »

(1) L. 80 et 2, § 1, D. *de Judiciis.*
(2) Cicér., *de Republicâ*, v, 2. — Denys, IV, 25. — Laboulaye.
Introd. à Walter, § VI.
(3) Cicér., *de Oratore*, 38, 39, 40. — Niebuhr, t. II, p. 168.
— Bonjean, § 88. — Laferrière, *Hist. du dr. civ. de Rome*, t. I,
p. 331.
(4) Cic., *Pro Murenâ*, XII.

Ce qui nous importe et ce qui est certain (1), c'est que, depuis la loi *Pinaria*, il devait s'écouler un espace de trente jours entre le temps des engagements pris par les plaideurs et la *datio judicis* ; qu'immédiatement après les parties s'ajournaient à comparaître et se garantissaient leur comparution (2), le troisième jour, devant le juge qui leur était donné, et qu'elles prenaient à témoin quelques-uns des assistants pour rapporter au *judex* ce qui s'était passé et, comme on l'a dit (3), *servir de protocole vivant*.

C'est de ce dernier acte de la première partie de la procédure, c'est de ce témoignage invoqué par les parties, que l'état où se trouve alors le procès a tiré son nom. Il y a CONTESTATIO LITIS.

Nous devons nous borner, quant à présent, à préciser le lien de droit qui l'accompagne et le point de départ qu'il faut lui donner.

Pour arriver à la justice, « la vérité ne pouvant se manifester à l'esprit du juge par intuition, la preuve exigeant le plus souvent un certain délai, il faut du moins qu'au moment où la sentence peut enfin être prononcée, le demandeur, s'il obtient gain de cause, soit mis autant que possible dans la position où il aurait été, si justice lui eût été rendue à l'instant même de la *litiscontestatio* (4). »

Pour y parvenir, il faut : 1° qu'un jugement soit rendu ; 2° qu'on en ait assuré l'exécution ; 3° qu'on ait pourvu à la

(1) Gaius, *Comm.*, IV, § 15.
(2) C'est du moins ce que semble indiquer la loi des XII Tables, qui mentionne un *vades*, expression antique, et un *subvades*.—Voy. Aulu-Gelle, XVI, 10. — Varro, V, 7. —Cités par Zimmern, § 110, et Walter, p. 63.
(3) Savigny, *Traité de droit rom.*, t. VI, § 257.
(4) Pellat, sur L. 15, § 3, *de Rei vindicat.* — Savigny, t. VI, formule du § 256.

destinée de la chose elle-même, de telle façon que les modifications, qui la viendront affecter, ne puissent porter préjudice
à celui qui plaide à bon droit.

Ce triple résultat est obtenu par les conventions qui con-
duisent à la *litiscontestatio*. D'abord, par la consignation ef-
fective ou l'engagement cautionné du *sacramentum*, les plaideurs sont obligés à des éventualités graves. — Le magistrat,
ou le juge auquel il déléguera son pouvoir, décidera bientôt
lequel des deux disait, avec raison, *jus peregi;* il dira lequel
des deux a fourni un *sacramentum justum*, et de cette déclaration résultera pour chacune des parties une double conséquence. — Le vainqueur sera reconnu propriétaire de la chose
en litige ; il aura la faculté de reprendre le *sacramentum* engagé. — Celui qui succombera n'aura plus d'espoir de voir
triompher ses prétentions condamnées : il payera, *nomine
pœnæ.... quod propter inopiam ærarii et sacrorum publicorum
multitudinem, consumebatur in rebus divinis* (1).

L'obéissance à la décision rendue est une conséquence de la
datio judicis, consacrée par le choix des plaideurs ou par l'autorité du magistrat, prêt à suppléer à leur mauvais vouloir ;
et, quant à la chose elle-même, nous avons indiqué, dans les
prædes litis et vindiciarum, une garantie sérieuse de toutes les
modifications qui peuvent survenir.

« Il semble qu'à l'origine toutes ces formalités s'exécutaient
» immédiatement (2). » Le lien de droit résultant de ces engagements et celui de la *litiscontestatio* étaient simultanés. « Plus
» tard, il y eut un délai de 30 jours pour que le préteur rédi-
» geât à loisir la formule (3), » et peut-être aussi pour que les

(1) Gaius, *Comm.*, iv, § 13, 14. — Varro, *loc. cit.* — Festus, vᵉ *Sacramentum*.
(2) Walter, *Hist. de la procéd.*, p. 63.
(3) *Eod. loc.*

plaideurs pussent calculer, avec réflexion, les conséquences du procès qui va s'engager.

Ainsi motivée, la disposition de la loi *Pinaria* n'a plus que le caractère d'un simple délai, qui suspendrait pour un moment la création du droit, sans affecter ses conditions d'existence. — Asconius (1) montre très-bien que l'*addictio judicis* est sollicitée par les parties immédiatement après la constitution du *sacramentum*, et que le lien de droit, qui les doit obliger au respect de sa sentence, est dès ce moment établi. Si les parties persistent dans leurs desseins, un juge leur sera donné, la *litiscontestatio* sera accomplie; mais elle ne fait que répondre au vœu par elles exprimé trente jours auparavant; elle ne fait que maintenir leurs engagements et en préparer, pour ainsi dire, l'exécution. Il est impossible de ne pas faire remonter les effets de cette situation de droit au jour même où ces engagements furent contractés.

Dans ce système de procédure, et malgré les délais variables qui les peuvent séparer, la constitution du *sacramentum*, celle des *prædes litis et vindiciarum* et la *datio judicis* sont trois actes unis entre eux; si la *litiscontestatio*, état de droit qui les résume et qu'ils ont constitué, n'existe parfaitement qu'après la *datio judicis*, dernier acte du préteur, elle trouve son principe obligatoire pour les parties et le point de départ de ses effets dans les actes plus importants qui l'ont précédée.

Cette solution a quelque importance. En faisant remonter, quant à sa force obligatoire et ses effets, le lien de droit que cette première partie de la procédure doit créer au jour où les *prædes litis et vindiciarum* ont été constitués, elle rend à un

(1) « Namque cum in rem aliquam agerent et pœnâ se sacramenti » peterent, *poscebant judicem, qui dabatur post* trigesimum diem. » —Asconius, 2, *in Verr.*— Hésitations de M. Etienne sur ce point, t. 11, p. 338, texte et note 6.

système dans lequel il n'y a pas de place pour une fiction juridique, où tout est l'œuvre des parties, son caractère contractuel et d'éminente réalité.

Nous aurions certainement la preuve qu'il en était de même dans les autres applications des actions de la loi, si les textes qui s'y rattachent ne nous étaient restés inconnus. Dans les poursuites d'obligations, nous ne trouverions ni le combat simulé, ni la décision du magistrat sur la possession provisoire, mais bien les parties s'interpellant tour à tour, en suivant des rites consacrés, et se provoquant au *sacramentum* pour arriver à la dation du juge.

Dans la *judicis postulatio*, nous pourrions voir les mêmes interpellations réciproques aboutissant probablement à cette formule, conservée dans les ΝΟΤΑΕ de *Valerius Probus*, et prononcée par l'un et l'autre des plaideurs: J. A. V. P. U. D.

Enfin le nom seul de la *condictio* indique une sommation verbale faite à un adversaire présent, *in jure*, d'y revenir le trentième jour pour recevoir un juge (1). — Toujours nous voyons le lien de droit prendre naissance en présence et par le concours des plaideurs : il est l'œuvre personnelle des parties.

Ces actions de la loi sacramentelle, dont l'observation devait être si scrupuleuse, ont été souvent l'objet de sévères reproches et de dédains auxquels le jurisconsulte ne se doit pas associer. — L'épisode des vignes, dans Gaius (2), est l'application extrême d'un principe éminemment du droit romain : *le droit d'agir en justice est une concession de la loi ou du magistrat.* Mais les formes que ces actions ont accoutumé de revêtir sont l'expression de besoins vrais et profonds. La réalité doit être le caractère de la procédure, dans ces temps qui ignorent l'ab-

(1) « *Condicere* est enim *denuntiare* priscâ linguâ. » — Dans quelques textes du droit, il semble même impliquer l'idée d'une dénonciation acceptée. L. 66, D. *de Contrah. empt.*

(2) Gaius, *Comm.*, II, § 11. — Celsus, l. 51, D. *de O. et A.*

straction. Nous retrouverons au moyen âge des institutions analogues, et nous devons considérer comme prévus les faits qui viendront nous les mon:r er chez des peuples encore grossiers (1).

La *deductio*, la *consertio manuum*, la *vindicatio*, la constitution des uns et des autres *prædes*, la *contestatio litis*, sont destinées à manifester les prétentions des parties, à pourvoir par des engagements réciproques aux éventualités du procès, à traduire au grand jour la nature même des choses. Plus tard, les fictions juridiques pourront remplacer ces VÉRITABLES CONTRATS JUDICIAIRES, mais l'ordre nouveau rappellera toujours les institutions populaires que nous avons étudiées.

CHAPITRE II.

DE LA PROCÉDURE *per sponsionem*.

L'extension que reçut au commencement du vi⁰ siècle l'application de la *sponsio* marque le point de départ d'une révolution dans la procédure. Depuis longtemps, la consignation réelle du *sacramentum* avait été remplacée par les *sponsiones* des répondants. On se contentait de l'engagement réciproque des parties elles-mêmes (2). La condamnation ne faisait plus acquérir la somme promise au trésor public, mais au plaideur qui triomphait, comme le prix d'une gageure qu'il aurait gagnée.

A cette époque, les procès sur les obligations de donner une chose certaine sont enlevés à la procédure *per sacramentum*. La loi SILIA—ann. 510—crée une action nouvelle dont la base est une *sponsio tertiæ partis*. — Bientôt, dans un grand

---

(1) Ortolan, t. II, p. 431, note 2.
(2) « Sponsio et restipulatio. » — Gaius, *Comm.*, IV, §§ 13, 171, 167, 168.

nombre de cas, le magistrat put imposer aux parties une *sponsio*, sorte de clause pénale du procès : « *Sponsionem dari judi-* » *carive jubere* (1), et les parties elles-mêmes s'y provoquer sur les contestations les plus diverses :

C'est le préteur Valérius, qui dispute au consul Lutatius Catulus l'honneur de la victoire navale remportée entre Drépane et les Iles Ægatbes (2) : « *Progressâ contentione, Valerius spon-* » *sione provocavit Lutatium* NI, SUO DUCTU, PUNICA CLASSIS ESSET » OPPRESSA; *nec dubitavit* RESTIPULARI *Lutatius. Itaque judex* » *inter eos convenit Atilius Calatinus.* »

C'est Verrès, qui ne peut ignorer les injures portées contre lui et les mécontentements qu'il a soulevés : « *Cùm palam* » *Syracusis, te audiente, maximo conventu, P. Rubrius Qu.* » *Apronium sponsione lacessivit*, NI APRONIUS DICTITARET, TE SIBI » IN DECUMIS ESSE SOCIUM : *hæc te vox non perculit* (3)? »

C'est Cornélius, qui vient d'être chargé de chaînes pour son coupable commerce avec un jeune homme, et qui sollicite l'intervention des tribuns : « *A quo tribuni appellati, cùm de* » *stupro nihil negaret, sed sponsionem se facere paratum di-* » *ceret*, QUOD ADOLESCENS ILLE PALAM ATQUE APERTÈ CORPORIS » QUESTUM FACTITASSET, *intercessionem suam interponere nolue-* » *runt* (4). »

Il semble qu'à un certain moment, la *sponsio* soit un système général qui se puisse appliquer à tous les procès. Elle est alors exclusivement pénale. La peine, suivant la décision du juge sur la condition exprimée, était la conséquence de la condamnation sur le fond du procès lui-même. — Quelques-unes étaient

(1) *Lex Gall. cis.*, ch. XIX.—Citée par Zimmern, p. 167, note 7.
(2) Nous croyons pouvoir sans crainte rapporter le fait raconté par Valère Maxime, l. II, ch. VIII, § 2, à cette victoire célèbre, qui mit fin à la première guerre punique. Ann. 512 de la fond. de R.
(3) Cicér., III, *in Verrem*, § 57, *in fine*.
(4) Valère Maxime, l. VI, ch. I, § 10.

à la fois préjudicielles et pénales : le juge, décidant qui paye-
rait la somme promise, décidait en même temps le fond du
litige, et nous les voyons se perpétuer dans Gaius comme l'une
des plus importantes procédures suivies pour les interdits (1).

Dans un cas même elle n'était que préjudicielle : le procès
ne tendait ostensiblement qu'à faire décider laquelle des deux
parties perdrait une somme, qui devait n'être jamais payée,
et sous ce prétexte jugeait une question de propriété et de
liberté. Il est évident que ce détour, par lequel les droits réels
furent enlevés à leur procédure légale et poursuivis suivant le
mode des droits personnels, dut prendre en dernier lieu sa
place dans la législation. C'est aussi lui qui s'est maintenu le
plus longtemps et qui, perpétué avec le tribunal des centumvirs, détaillé dans Gaius, nous permet de déterminer le moment où se forme le lien de droit obligatoire pour les plaideurs et le moment de sa formation.

La force obligatoire du jugement prendra naturellement
son point de départ dans le contrat intervenu. Nous n'aurions
qu'à répéter ici les observations dont la procédure *per sacramentum* nou·· ·· ·éjà fourni l'objet.

Seulement, dans les poursuites de droits réels, il faut, en
outre, pourvoir aux éventualités qui pourraient affecter la
chose en litige, assurer la restitution avec les fruits intéri-
maires. C'est une controverse de savoir si ce résultat est obtenu
par la *sponsio* elle-même, qui serait alors *pro præde litis et vindiciarum*, ou par une *satisdatio* spéciale qui l'aurait précédée.
La leçon que donne M. de Savigny du § 94 de Gaius, suivie
dans l'*Egloga*, appuie très-explicitement la première opinion ;
mais il nous semble que, dans la poursuite des droits réels, il
y a une *satisdatio pro præde litis et vindiciarum*, ou *judicatum
solvi*, qui ne doit être confondue ni avec la *sponsio*, ni avec la

(1) Gaius, *Comm.*, iv, §§ 163, 165 et suiv.

formula petitoria. — La *sponsio* tient lieu des *prædes sacramenti*, et non des garanties nécessitées par la possession intérimaire. — Le § 94 de Gaius semble l'indiquer. Une autre leçon du § 94 (1) viendrait l'appuyer, si nous n'avions des textes authentiques. Cicéron (2), et surtout Asconius, son commentateur, nous montrent bien l'existence de ces deux institutions, qui se correspondent et se complètent sans se confondre. « *Qui* » *rem tenet satisdat pro præde litis et vindiciarum adversario* » *suo, quo illi satisfaciat, nihil se deterius in possessione factu-* » *rum, de quâ jurgium esset. Rursus sponsione ipse provocatur* » *ab adversario certæ pecuniæ aut estimationis quam amittat,* » *ni sua sit hereditas de quâ contendit* (3). »

L'imitation de la procédure *per sacramentum* est trop évidente, pour que nous ayons besoin de mettre en relief le caractère contractuel qui résulte de l'intervention personnelle des plaideurs, de montrer l'absence de toute fiction juridique, ni de faire remonter les effets de la *litis contestatio* au jour même des conventions qui l'ont rendue nécessaire. — Du reste, la procédure romaine se devait encore dégager de bien des formalités et des entraves et ne se développer tout entière que dans le système dont la formule est le principal élément.

CHAPITRE III.

SYSTÈME FORMULAIRE.

Nous n'avons pas à exposer ici par quelles innovations suc-

(1) Heffter, *ad Gaium.* — Cité Zimmern, p. 189, not. 10.

(2) « Si quis testamento se heredem esse arbitraretur, quod tum non extaret, lege ageret in hereditatem, *aut pro præde litis et vin-diciarum cum satis accepisset sponsionem faceret....* » — Cicér. *in Verr.*, 1, 45, *de Præt. urban.*

(3) Ascon., *in Verrem*, 1, 45. — *Vid. et.* Frag. vat., § 336, restitués par Bethman-Hollweg, *Corpus jur. antejust.*, col. 800.

cessives la révolution, commencée par l'extension de la procédure *per sponsionem*, aboutit au système formulaire. Ce serait refaire l'histoire ingénieuse et brillante qu'en ont déjà donnée les auteurs (1). — Nous devons le prendre au moment où la loi Æbutia vint en autoriser et sanctionner l'usage, au moment où ce système de procédure, qui a laissé des traces si profondes dans le droit, eut reçu son complet développement.

Un grand principe le domine, c'est la division du *jus* et du *judicium*, et de ce principe découle une conséquence bien évidente pour nous. Le *judicium* ne comprenant que l'administration des preuves et la prononciation de la sentence, c'est dans la procédure *in jure* que nous devons rechercher et trouver la position des questions du procès et la formation du lien de droit qui doit astreindre les plaideurs. Il nous faut étudier, avec quelques détails, la marche de cette première partie de la procédure et les actes divers qui la composent.—Pour cela, nous devons considérer deux époques distinctes : l'une finissant au moment où les parties sont en présence du magistrat, et comprenant les actes qui tendent à assurer la comparution du défendeur; l'autre se terminant avec la procédure *in jure*, et comprenant tous les actes qui se passent en présence ou par l'intervention du préteur.

La *vocatio in jus* a conservé son caractère purement privé. « En théorie, le demandeur pouvait encore employer la violence pour traîner son adversaire devant le tribunal du magistrat (2); » mais, pour y arriver, sa volonté, comme le droit le plus pur, ne suffit pas toujours; l'usage de recourir à l'autorité du préteur dut être facilement accepté. Une amende sera prononcée contre le défendeur qui résiste (3), ou bien une

(1) Ortolan, II, p. 427 à 440.

(2) Bonjean, *Traité des act.*, t. I, p. 450.

(3) « Si quis vocatus in jus non ierit, ex causâ a competenti judice

7

action *in factum*, à l'effet d'obtenir la complète réparation du trouble apporté à ses intérêts, pourra être intentée par le demandeur (1): on peut l'induire du texte qui pardonne au défendeur, *si nihil interst actoris* (2).

Certaines classes de citoyens, les matrones, les filles impubères *alieni juris* ne pouvaient être l'objet d'une *vocatio in jus*; d'autres personnes ne pouvaient l'être sans que le demandeur n'eût obtenu la permission du préteur (3); mais ces exceptions n'affectent en rien le fond du droit, et la *vocatio* privée a laissé des traces dans le droit de Justinien lui-même (4).

La faculté pour tous de s'affranchir de l'obligation de suivre immédiatement le demandeur n'était obtenue, sous la loi des Douze Tables, que par une transaction (5) ou par l'intervention d'un citoyen aussi riche que le débiteur (6), acceptant le procès pour lui-même, comme les *procuratores* du défendeur dans les temps postérieurs (7). Il n'y avait guère qu'un changement de personnes. Insuffisante amélioration de la position du défendeur, que l'initiative prétorienne devait bientôt remplacer par la promesse cautionnée de sa comparution *in jure*.

En même temps que les délais et le lieu de l'exécution, cette promesse fixait la peine que le défendeur ou ses cautions devraient prester, si elle était par eux inexécutée.— Si la comparution des deux parties était régulièrement accomplie, la con-

multa pro jurisdictione judicis damnabitur. » — L. 2, § 1, D. *Si in jus voc. non terit.*

(1) Gaius, *Comm.*, IV, § 46, *in fine.*
(2) L. 2, § 1, D. *Si quis in jus voc. non terit.*— L. 1, § 3, D. *de Inspiciendo ventre.*
(3) L. 2, 22, pr. 4, § 1, D. *de Injus voc.*
(4) L. 5, § 1, D. *Qui satisd.* — L. 3, Cod. *de Injus voc.*
(5) L. 22, § 1, *de In jus voc.*
(6) Assiduo, vindex assiduus esto.—Aulu-Gelle, XVI, 1.
(7) « Veluti quos nunc procuratores vocamus.» — Boeth, *ad. Cic. top.*, c. 2.

vention ayant obtenu son résultat, le défendeur et ses cautions étaient libérés. Il en était de même si le demandeur, ne comparaissant pas, libérait son adversaire des obligations contractées, en abandonnant les droits que la convention avait créés pour lui-même; mais, au contraire, si le défendeur ne se rendait pas au terme convenu, s'il ne comparaissait devant le tribunal désigné, *promissio, judicii sistendi causa facta, deserta erat* (1), et le demandeur, indépendamment des droits de possession que le préteur lui pourrait conférer sur la chose en litige, acquérait le droit d'agir en payement de la peine stipulée (2), tant contre le défendeur que contre ses cautions.

Cette promesse cautionnée est souvent par les auteurs appelée *vadimonium*, quoique, sous ce nom, Gaius n'ait traité que des garanties fournies en présence du magistrat, dont nous ferons bientôt connaître l'occasion et l'utilité.

Avec la *vocatio in jus*, qu'il complète et de la nature de laquelle il participe (3), le *vadimonium* résume les actes qui tendent à assurer la comparution du défendeur. Nous ne voyons pas encore se former le lien de droit qui doit unir les plaideurs.

Ce n'est pas sur un lien de droit que se fonde l'obligation imposée au défendeur d'obéir à la *vocatio in jus*. Le demandeur n'est pas même tenu d'y faire connaître à son adversaire l'objet de sa demande (4). L'obéissance semble être d'ordre public, et la résistance, passible d'une peine privée ou d'une amende, *mulcta*, semble être de la nature des quasi-délits, bien plus que constituer l'inexécution d'un engagement

(1) L. 4, § 4, D. *Si quis caut.*
(2) L. 2, § 5, D. *Qui satisd. cogantur.*
(3) Les personnes qu'on ne pouvait citer sans la permission du préteur ne pouvaient non plus sans cette permission être contraintes au *vadimonium.*—Gaius, *Comm.*, IV, § 187.
(4) Ce point est important : «.... *Dord.* : Quid me in jus vocas? — *Lat.* : Illei apud prætorem dicam.... » Persa, IV, 9, vers. 8, 9.

quasi-contractuel. — Quant au *vadimonium*, il porte avec lui-même une sanction spéciale au but poursuivi, et calquée sur le résultat que par lui les parties désirent atteindre. C'est une convention dans un but déterminé, se suffisant à elle-même, mais qui ne peut évidemment servir de fondement à des obligations autres que celles qui y sont spécialement exprimées.—Il n'y a pas encore place dans cette première partie de la procédure pour un engagement exprès ou quasi-contractuel, obligeant les parties aux éventualités d'un procès que, scientifiquement, on peut dire n'être pas encore commencé. C'est devant le préteur que, des actes touchant plus directement au fond du droit venant à s'accomplir, nous verrons les parties réciproquement engagées, et un rapport, nouveau pour elles, se manifester.

Les parties sont au pied du tribunal sur lequel siège le préteur ; le demandeur indique, le plus souvent pour la première fois, l'action qu'il va solliciter. Mais, que le défendeur l'ait ou non connue, l'*actionis editio* est le commencement obligé de la procédure devant le magistrat; par elle, l'adversaire et le préteur sont avertis de la *postulatio* que se propose le demandeur (1). Déjà sur ce point la discussion peut être commencée (2). La forme ne pouvait en être contestée, puisqu'à toutes

(1) Nous ne pouvons accepter l'opinion de M. de Fresquet, t. II, p. 458, qui distingue ces deux actes, au point de ne placer la *postulatio* qu'après l'expiration du *vadimonium*, lors de la seconde comparution des parties. Il y avait en effet deux actes distincts; mais il fallait bien que l'action eût été postulée pour que l'adversaire eût des défenses à fournir et demander un délai pour les préparer. Du reste, l'idée que cette *postulatio* déterminait l'acte juridique invoqué, d'une manière qui ne pouvait plus être modifiée, est contraire aux textes cités par Zimmern, p. 341.

(2) « Utque etiam ante judicium de constituendo ipso judicio solet » esse contentio. » — Cic., *Part. orat.*, c. 28.

les époques de ce système l'*editio actionis* et la *postulatio*, qui
l'accompagne, peuvent se produire oralement ou par écrit, quelquefois même en se référant à une formule de l'*album* du préteur (1). Les motifs tirés du fait ne pouvaient pas non plus être
invoqués, puisque le principe de la séparation de la procédure
en réservait l'examen au *judex*. Mais le défendeur était admis
à discuter en droit la recevabilité de l'action sollicitée contre lui.
Le préteur lui-même, après avoir fait remarquer les erreurs ,
les inexactitudes et les motifs qui peuvent rendre inadmissi-
ble la demande, doit refuser l'action coupable ou fautive dan
laquelle persisterait le demandeur (2).—Souvent la recevabilité
de l'action est incontestable, les allégations du demandeur sont
de nature à valoir d'après les principes du droit civil. Mais la
coutume ou les édits du préteur, n'acceptant pas toujours les
conséquences de l'action intentée, les modifient en considération de circonstances qui pour le droit civil seraient sans
valeur (3) ; le défendeur alors, sans acquiescer à la prétention
formulée de son adversaire (4), devra faire joindre à l'examen
de la demande celui des exceptions qu'il invoque.

Quelquefois le défendeur acceptait immédiatement la lutte qui
lui était offerte ; le plus souvent il demandait un délai pour
prendre un parti. Souvent aussi, par des circonstances diverses,
par le consentement des plaideurs ou l'autorité du magistrat,
la continuation du procès était remise à des temps ulté-

(1) L. 1, § 1, D. *de Edendo.*
(2) L. 27, *de Verb. oblig.* — « Le préteur a un pouvoir à peu près
» absolu pour accorder, et surtout pour refuser les formules.... Les
» préteurs trouvèrent dans ce pouvoir le moyen le plus énergique
» pour modifier l'ancienne législation. » — De Fresquet, p. 418.
(3) Ce n'est pas à dire que toutes les exceptions dérivent de la
jurid. du préteur. Il en est qui reposent sur le droit civil, sur les
constitutions impériales, sur des sénatus-consultes, sur des lois proprement dites.— V. Bonjean, t, p. 438.—Surtout Zimmern, § 91.
(4) L. 9, *de Exceptionibus.*

rieurs (1). Alors un *vadimonium* devait être constitué. Sa rédaction, dans laquelle l'action devait être précisée (2), était
assez difficile pour que Trébatius, au dire de Cicéron (3),
« negat... in tanta multitudine qui una essent quemquam fuisse,
qui vadimonium concipere posset (4). » Sa constitution et ses
effets sont analogues à celui que nous avons déjà rencontré
dans la première partie de la procédure. Gaius en fait succinc-
tement connaître les conditions. Un détail cependant doit
nous arrêter : le défendeur à une action noxale veut soutenir le procès et promet le *vadimonium* ; il fait insérer
dans la stipulation qu'il conserve le droit de représenter l'esclave et de se libérer vis-à-vis du demandeur en le lui abandonnant. « Mais alors, conformément à l'édit, il devait promet-
» tre que la position du demandeur à l'égard de l'esclave ne
» serait pas empirée dans l'intervalle qui s'écoulerait jusqu'à la
» *litiscontestatio* (5). » Il ne faudrait pas exagérer cette disposition de l'édit, et croire que dès ce moment le défendeur est res-
ponsable de toutes les éventualités qui peuvent altérer la valeur
de l'esclave. Ulpien nous montre très-bien qu'elle ne s'applique
qu'aux changements qui rendraient le droit du demandeur plus
difficile à exercer, *vel loco, vel persona mutata* (6). Il ne faudrait
pas surtout étendre cette règle, mal comprise, aux actions qui
doivent faire reconnaître au demandeur la propriété d'une chose
en litige ; elle est en effet spéciale aux actions noxales dans les-

(1) « Vadimonia in posterum diem facere jussit. » — Val. Max.,
III, 7, n° 1.

(2) Gaius, *Comm.*, IV, §§ 184 et suiv.

(3) Zimmern, p. 339.

(4) Caius Trebatius Testa, savant jurisconsulte, ami de Cicéron et
de César, consulté par Auguste sur la validité des codicilles.—Horace
lui dédie sa 1re satire du 2e livre.

(5) Zimmern, p. 345. — L. 1, pr., D. *Si ex noxali*.

(6) L. 1, § 1, *Si ex nox*.

quelles, le procès portant sur la réparation du préjudice, l'esclave lui-même n'est pas la chose litigieuse. C'est par d'autres principes que, dans les actions *in rem*, se réglait la position du défendeur (1).

Après les délais du *vadimonium* expirés, et lors de la seconde comparution des parties, les raisons du demandeur, les défenses et les exceptions de son adversaire sont connues du magistrat; il ne reste plus qu'à monumenter les unes et les autres et à nommer le juge qui doit rechercher la vérité au milieu des prétentions contraires. La rédaction de la formule et le choix du *judex* répondent à ce double besoin (2). Après avoir nommé le juge, sur lequel presque toujours les parties se sont accordées, la formule fixe, dans une première partie, les faits qui sont le point de départ du procès, et détermine, dans une seconde, la question de droit qu'ils soulèvent, *contentio juris* (3). En terminant, elle investit le juge du pouvoir indivisible de condamner ou d'absoudre (4). Disons aussi que cette position des questions, tant de fait que de droit, leur donnait le caractère de conditions apposées par le préteur à la sentence du juge.

Dès lors le procès est circonscrit, les droits des parties sont

____

(1) *V. L.* 10, 11, 12, D. *de R. V.*, sur le lieu où doit se faire la restitution de la chose mobilière revendiquée.— L. 17, § 3, D. *de R. V.*, contre le possesseur *qui ante litem contestatam dolo destit rem possidere.*— Surtout L. 1, 8, 4, § 5, *de Alienatione, judicii mutandi causâ factâ*, et Pandectes de Pothier *hoc titulo : Sectio de constitutionibus principum huic edicto affinibus.*—Pierre de Fontaines, à un titre XVIII, emprunté au Dig., sur *la chose mise en autrui main pour muer jugement.*—Ed. Marnier, p. 176.

(2) « La nécessité de faire connaître la question au juge avait amené une innovation très-remarquable...» *Quand et pourquoi on rédige la formule?* — De Fesquet, 11, p. 416.

(3) Gaius, *Comm.*, liv. IV. § 60.

(4) L. 3, D. *de Re judic.* — L. 37, D. *de Reg. juris.*

ûxés, et elles sont liées au respect de la sentence à intervenir. Aussi la nomination du juge et la délivrance de la formule, actes simultanés, marquent-ils le terme de la procédure *in jure* (1), de la mission du préteur, *de constituendo judicio*. Nous avons touché ce moment si grave où les parties, sûres d'une décision, peuvent répéter l'une et l'autre: *Judicium consti-tutum, res in judicium deducta, lis est contestata.*

On pourrait citer ici le texte de Festus et les nombreux équivalents de cette expression qui désigne le point le plus important de la procédure, à quelque époque qu'on l'étudie; rechercher si cette dénomination est absolument détournée de la signification primitive, ou bien si la coutume a conservé la *litiscontestatio*, avec ses formes, comme un symbole, et *propter imitationem veteris juris* (2); mais ce sont des citations et des conjectures qui ne doivent pas retarder l'exposition du système par nous adopté sur le temps où le lien de droit prend naissance.

Nous avons déjà montré qu'il ne pouvait naître que pendant la procédure *in jure*, et présenté les observations que nous avions à faire sur le *vadimonium;* il ne nous reste que deux actes de la procédure à discuter : l'*editio actionis* et la *litiscontestatio*, non pour redire, avec tous, que le lien de droit naît avec ce dernier, mais pour essayer d'en donner la raison.

Il est facile de voir pourquoi l'*editio* de l'action ne crée pas de lien de droit contre le demandeur: le choix de l'action lui appartient. Il n'est pas lié par le choix qu'il a fait; tant que les choses sont entières, il peut, en acquittant les obligations impo-

(1) « Des auteurs avaient voulu placer la *litiscontestatio* devant le juge; mais cette opinion est aujourd'hui abandonnée. » De Fresquet, p. 419. — *V.* L. 39, pr., Dig. 28, § 4, Dig., *de Judiciis*, et l'interprétation certaine donnée par M. de Savigny, t. vi, p. 16 et 17. — *V.* Walter, p. 38, n° 1.

(2) G., liv. 11, § 105.

sées par les principes généraux à celui qui succombe (1), librement abandonner la route qu'il avait choisie. Les choses
seulement commencent à n'être plus entières quand le préteur
a délivré la formule et transformé, ainsi que nous le verrons
tout à l'heure, le droit préexistant du demandeur en un droit
spécial et nouveau.

Mais pourquoi, si la demande est maintenue et l'action con-
forme délivrée par le préteur, le lien de droit ne prend-il pas
naissance du jour de la demande contre le défendeur? Pourquoi les délais qu'il obtient viennent-ils changer le droit du
demandeur? Ce n'est pas que le caractère bilatéral du lien de
droit s'oppose à ce que, n'étant pas formé contre l'une des
parties, il ne puisse l'être contre l'autre; cette idée ne pourrait
que le rendre résoluble, suivant que l'action serait ou ne serait
pas maintenue par le demandeur. Il y a une raison plus juridique, plus profonde et plus spéciale au système que nous étudions.

Dans ce système, en effet, l'autorité publique, qui sanctionne
et qui règle les moyens de faire valoir les droits, prête au demandeur son assistance et son concours dans chacun des
procès qu'il intente; elle crée en sa faveur un droit nouveau,
et l'on distingue le *droit préexistant* du *droit sanctionnateur*
(pour parler comme un interprète du droit romain) (2); le *jus*
en lui-même, ou, si l'on peut ainsi dire, le *creditum*, droit actif
en la personne juridique du créancier, du *jus persequendi in
judicio* (3), concession de l'autorité publique, qui sert véritablement de point de départ au droit du demandeur. — L'autorité
publique est représentée par le préteur; c'est toujours de son
imperium que dérive le droit sanctionnateur, et c'est par la dé-

(1) L. 79, pr., *de Judiciis.*
(2) Blondeau, *Chrestomathie*, introd., p. cxvi.
(3) L. 52, D. *de Oblig. et act.*

livrance de la formule déterminant le droit en litige et donnant un *judex* aux parties, que le droit est concédé. Dès lors seulement on peut dire que la poursuite judiciaire est commencée. *Lis enim proprie non est antequàm contestetur, sed controversia*(1), dit une maxime des anciens auteurs, justifiée par ce passage d'une loi rarement citée: *Si in jus vocaverit et satis judicio, sistendi causâ acceperit, judicium tamen cæptum non fuerit…; hic enim non petit, sed petere vult*(2). La *vocatio in jus*, le *vadimonium* et l'*actionis editio* qui le précède ne suffisent pas pour constituer le droit du demandeur à agir en justice; c'est au moment de la *litiscontestatio* qu'il en reçoit la concession. Le *judicium* commence avec le *jus in judicio persequendi*, et c'est à ce moment que le jugement devra se référer pour reproduire artificiellement l'état de choses qui eût naturellement existé, s'il eût été possible de le prononcer dès le commencement du procès.

Nous devons commencer notre recherche des formes juridiques sous lesquelles se constitue ce lien de droit par exposer la théorie d'un illustre jurisconsulte allemand. Dans les actions *in rem*, le défendeur, possesseur de la chose litigieuse pendant la durée du procès, doit, pour le cas où il succomberait, fournir une *satisdatio judicatum solvi*.

Dans les actions personnelles, la caution à fournir par le défendeur n'est pas la règle, mais l'exception; on la rencontre certainement dans des *judicia legitima* et dans des actions fondées sur l'*imperium* du préteur. Il y a, dans ces cas exceptionnels, une stipulation du défendeur comprenant les trois clauses ordinaires et servant de base à la stipulation des cautions exigées par le préteur.

Dans les actions personnelles du droit civil, où la *litiscontes-*

(1) Cujas, *Observationes*, l. ix, ch. 21.
(2) L. 15, D. *Ratam rem liberi.*

tatio consomme *ipso jure* le droit litigieux, c'est-à-dire qui se peuvent ranger dans la classe des *judicia legitima*, l'idée de novation implique celle d'une stipulation identique.

Dans ces trois catégories d'actions: actions réelles, actions personnelles rentrant dans l'exception du § 102 de Gaius, actions personnelles comprises dans la classe des *judicia legitima*, on doit reconnaître l'existence d'une stipulation servant de base aux obligations spéciales qui résultent de la *litiscontestatio*.

Deux catégories d'actions ne rentrent pas dans cette énumération; ce sont: celle des actions personnelles de la classe des *judicia imperio continentia*, non comprises dans l'exception que nous avons mentionnée, et celle des actions de la classe des *judicia legitima*, où le droit n'est pas consommé *ipso jure*. Admettre encore une stipulation dans ces cas serait une hypothèse gratuite et trop aventurée pour qu'on ne doive pas se rallier à la théorie généralement adoptée par les commentateurs de Justinien; la *litiscontestatio* est un quasi-contrat, et c'est d'elle-même que découle le rapport obligatoire qui lie les plaideurs.

Voici maintenant nos hésitations et nos doutes. Il faut reconnaître la *stipulatio* du défendeur dans les actions *in rem* et dans les actions qui composent l'exception du § 102 de Gaius (1). Mais celle qu'on indique dans les autres actions personnelles du droit civil de la classe des *judicia legitima*, et qu'on prouve par la consommation *ipso jure* du droit litigieux, nous paraît devoir être repoussée. Il faut se garder d'étendre par des hypothèses plus ou moins probables les différences que nous connaissons entre les *judicia legitima* et ceux *imperio continentia*. Cette distinction, purement accidentelle, ne repose pas sur la nature des choses, sur le fond du droit lui-même. Nous savons que, dans certains *judicia legitima*, la consommation du droit préexistant s'opère *ipso jure*, et nous pouvons croire que l'ex-

(1) Pour ces dernières, la L. 38, § 2, *de Peculio*, est expresse en reconnaissant contre le défendeur les actions *judicati* et *ex stipulatu*.

pression *novatio judicii accepti* ne s'applique scientifiquement
qu'à cette classe d'actions; mais en conclure qu'une stipulation doit intervenir, cela est presque impossible en voyant s'o-
pérer sans stipulation une consommation analogue du droit
dans toutes les autres actions. Dans celles-ci et dans celles-là,
c'est d'un même principe que découle cette novation du droit.
Il n'y a de différence que dans la manière de l'invoquer.

Voici comment nous l'entendons :

On peut admettre avec les auteurs (1) que le droit réel résiste
à une transformation en un autre droit ; qu'après la *litiscon-*
testatio, le fait qui sert de base à une action *in factum* existe
comme auparavant; mais ce n'est pas le fait servant de point
de départ au procès, ce n'est pas le droit primitif que la *litis-*
contestatio modifie, c'est le droit litigieux. Dans tout procès,
quelle que soit son origine, il se rencontre un droit litigieux de
la nature des obligations (2). Quelle que soit la classe dans laquelle doive rentrer le *judicium*, quelle que soit la procédure
suivie, ce droit, modifié d'une manière constante par l'engagement qui résulte de la *litiscontestatio*, prend le caractère de
res in judicium deducta.

(1) Etienne, t. 11, p. 254. — De Fresquet, t. 11, p. 474.

(2) « Tout se réduit à bien distinguer si notre droit a pour objet
» immédiat et direct une chose prise en elle-même, indépendamment
» des actes d'un tiers, ou seulement un acte déterminé d'une per-
» sonne étrangère, quel que soit d'ailleurs le but de cet acte, qu'il
» doive nous procurer un droit à une chose ou à la jouissance de
» cette chose. L'action *in rem* et l'action *in personam* répondent à
» cette distinction (1). » — « Les uns existent vis-à-vis de tous les
» hommes, les autres ne touchent que des individus déterminés.....
» mais la violation de nos droits n'est concevable que par le fait
» d'une personne déterminée..... Celui qui a souffert la violation et
» celui qui l'a commise, ou le demandeur et le défendeur, se trou-
» vent dans la position respective d'un créancier et d'un débi-
» teur (2). »

(1) Savigny, t. 1, p. 367, § 56.
(2) Savigny, t. 5, p. 5, § 205.

Cette modification peut être appelée consommation du droit litigieux dans les instances légitimes, comme dans celles qui se fondent sur l'*imperium* du préteur. Sa conséquence principale est, comme son principe, identique dans chacune de ces deux procédures : le droit qui a été déduit en justice ne peut être une autre fois invoqué. C'est seulement dans la sanction de cette impossibilité de reproduire l'instance précédemment déduite en justice qu'une différence peut être signalée.

« La distinction entre les *judicia legitima* et les *judicia quæ
» sub imperio continentur* tenait sans doute à une distinction
» originaire fort ancienne; mais il est impossible de rien dire de
» précis à ce sujet (1). » On peut rappeler cependant que cette classe des *legitima judicia* se réfère le plus souvent à l'ancien droit civil ; que sans doute elle comprenait d'abord les formules qui vinrent sanctionner les droits autrefois protégés par une *actio legis;* que si probablement, débarrassée de certaines conditions, étendue à certains cas qu'elle ne comprenait pas d'abord, elle fut déterminée et définie par l'une des lois *Julia*, « cette classe d'actions nous rappelle toujours l'antique procé-
« dure bornée au territoire de la ville de Rome (2). » Il faut se souvenir aussi que, parmi ces *judicia legitima*, les actions *in personam juris civilis* sont celles qui ont été le plus directement empruntées à la procédure des premiers temps, et nous ne nous étonnerons plus de ce que l'ancien principe des actions de la loi (3) se soit conservé dans les actions distinguées par ce double caractère d'être *in personam juris civilis* et de donner naissance à un *judicium legitimum;* toutes les conditions de l'ancienne *condictio* s'y rencontrent.

Dans l'exercice de toutes les autres actions *in rem per formu-*

(1) Walter, p. 13. — De Fresquet, p. 454.
(2) Zimmern, p. 89.
(3) § 108 de Gaius.

lam petitoriam ou *in factum*, le droit honoraire est l'élément principal. Qu'elles appartiennent à l'une ou à l'autre classe des *judicia*, l'effet de la *in judicium deductio* sur le droit préexistant ne peut se produire qu'au moyen d'une exception.

Voilà l'origine et la portée de la seule différence(1) qui distingue les *judicia legitima* et ceux qui reposent sur l'*imperium* du préteur. Sans doute on n'en doit pas conclure une différence dans la procédure, et cette consommation *ipso jure* du droit préexistant ne justifie pas assez la supposition d'une stipulation expresse, transformant une obligation première, prêtant à la *litiscontestatio* sa force obligatoire et contractuelle.

Mais le point le plus important à approfondir serait, sans doute, celui de savoir si, dans les actions où elles se rencontrent, la stipulation et la *satisdatio judicatum solvi* doivent être considérées comme servant de fondement à la *litiscontestatio*, et si les obligations qui résultent de cet état de droit reposent sur un véritable contrat. Ce serait leur appliquer les observations que nous avons déjà faites sur le premier système de la procédure romaine, et faire de leur organisation « la suite et le développement de l'ancien principe de droit qui avait fait instituer » les *prædes litis et vindiciarum* dans la *legis actio*, et la *stipulatio pro præde litis et vindiciarum* dans la procédure *per sponsionem* (2). » Nous ne l'admettons qu'avec peine ; il y a des différences entre les *prædes* des systèmes antérieurs, fournis en exécution d'une condition imposée par le préteur à la possession intérimaire, à la qualité du défendeur par lui concédée, et cette *satisdatio judicatum solvi* du système formulaire, due par un défendeur qui ne puise pas les avantages de sa position dans

(1) Elle n'est pas la seule absolument (Frag. vat., § 47 ; —L. 44, § 1, D. *Fam. erciscundæ*), mais la seule que nous ayons à constater.

(2) Savigny, VI, p. 30.

une concession du magistrat, mais dans un état de choses antérieur à la *litiscontestatio* elle-même. — Les *satisdationes judicatum solvi* semblent bien plutôt destinées à garantir une obligation déjà formée qu'à établir elles-mêmes une obligation
nouvelle. — La preuve qu'elles n'ont guère que le caractère
d'une mesure préventive et de simple garantie se trouverait précisément dans l'extension que lui donne le préteur, si le défendeur est suspect, dans les cas du § 102 de Gaius. Cette obligation déjà formée, dont la caution *judicatum solvi* viendrait
garantir l'exécution, serait précisément le lien de droit quasi-
contractuel dont nous cherchons à constater l'existence et la
formation, né de la position même de possesseur défendeur, *ex
re vel necessitate*. Il sert de fondement à la force obligatoire de
la *litiscontestatio*, et vivifie la procédure ici comme dans toutes
les autres actions du système formulaire.

Nous nous séparons donc de la théorie qui nous a servi de
point de départ, et qui nous frappe tant encore par la rigueur
de la logique et la science du maître, que nous sommes tenté
de déchirer les pages qui précèdent. « Il faut être très-retenu
» et circonspect à prononcer sur les ouvrages de si grands
» hommes, de peur qu'il ne nous arrive, comme à plusieurs,
» de condamner ce que nous n'entendons pas; et s'il faut tom-
» ber dans quelque excès, mieux encore vaut-il pécher en
» admirant tout dans leurs écrits, qu'en y blâmant trop de
» choses (1). »

Ce quasi-contrat, dont nous venons de reconnaître l'existence,
et dont la formation doit être reportée au temps de la *litiscontestatio*, a été l'objet de la discussion des auteurs.

(1) « Modestè tamen et circumspecto judicio de tantis viris pronun-
» tiandum est, ne, quod plerisque accidit, damnent quæ non intelli-
» gunt. Ac si necesse est in alteram errare partem, omnia eorum le-
» gentibus placere, quam multa displicere, maluerim. » Quintilien.

Quelques-uns ont prétendu que, du temps d'Adrien, un sénatus-consulte en avait reporté les effets à un moment antérieur au procès. En faveur de cette opinion, le *sénatus-consulte
Juventien* semble très-explicite ; mais il ne consacre qu'une exception. Prévoyant le cas d'une hérédité vacante que chacun
peut posséder avec l'espérance d'arriver à l'usucapion *pro hærede* (1), il décide que cette usucapion devra tomber devant la
demande de l'héritier véritable ou du fisc, dans le cas où l'hérédité vacante est une *hereditas caduca*. Ce dernier cas est celui
en vue duquel est édicté le sénatus-consulte ; il suppose une
poursuite du fisc qui devrait suivre la procédure extraordinaire.
Il cherche une époque qui puisse jouer, dans les procès de ce
genre, le rôle de la *litiscontestatio* dans les procès ordinaires, et
servir de point de départ au lien de droit qui doit astreindre les
parties. Il se rattache à une *evocatio* ou *denuntiatio* de la demande. Nous ne pouvons y voir une modification des principes
généraux du système, car si les jurisconsultes en appliquèrent
bientôt à toutes les hérédités et aux actions réelles les dispositions sévères, ce ne fut évidemment qu'en ce qu'elles modi-
fiaient le fond du droit, et non en ce qui touchait les accidents
d'une procédure exceptionnelle.

Le lien de droit entre les plaideurs ne prend naissance qu'au
moment de la *litiscontestatio*, parce qu'à ce moment le *jus in
judicio persequendi* est seulement concédé par le préteur. Il est
quasi-contractuel, et les stipulations des parties ne doivent en
aucun cas être considérées comme des actes qui l'établissent. Le
sénatus-consulte d'Adrien ne doit pas être considéré comme en
ayant modifié les principes ; il ne fait remonter les effets de la
litiscontestatio au jour de la *denuntiatio* de la demande que pour
une procédure spéciale. Tels sont les résultats que nous avons
atteints dans nos recherches sur le système qui va finir.

(1) Gaius, *Comm.*, II, § 52 à 59.

CHAPITRE IV.

DE LA PROCÉDURE EXTRAORDINAIRE.

Cette procédure extraordinaire, que tout à l'heure pour la première fois nous avons rencontrée sur notre route, va bientôt devenir la règle sans exception. Ce qui la distingue, c'est la réunion dans la main du magistrat de tous les éléments du procès.

A toutes les époques, on retrouve des procédures de ce genre. Pour les voies d'exécution par suite d'un jugement ou d'un aveu, les envois en possession, les actes de la juridiction volontaire, le préteur ne nomme pas de *judex ;* il décide à la fois le droit et le fait : *extra ordinem jus dicit.* Déjà l'on rencontre dans la formule de la stipulation Aquilienne (1) cette procédure extraordinaire, la *persecutio,* comme l'une des classes de cette division tripartite, qui semble presque sacramentelle en droit romain (2), et qui se réfère aux trois manières de procéder après la loi Æbutia : la procédure par formules, celle qui s'accomplit devant les centumvirs, et celle qui ne demande que la seule intervention et la décision du préteur. L'application de la procédure extraordinaire se multiplia sous les empereurs (3), et

(1) L. 18, § 1, *de Acceptilatione,* § 2.—Inst. III, 29.
(2) L. 28, *de Oblig. et act.*—*Adde* LL. 118, 49, *de Verb. signif.* — *Vide etiam* L. 23, D. *Ratam rem haberi.*
(3) Nous ne citons pas les lois 8, 9, D. *de Officio præsidis,* toujours citées (Bonjean, § 240). Elles se rapportent à des *negotia per rescriptiones ad præsides provinciarum remissa,* et que le *præses* à la faculté de renvoyer à des juges, et non à des affaires régulièrement soumises à l'*ordo judiciorum* et que le *præses* retiendrait par un développement de l'usage des *cognitiones extraordinariæ* (Klimrath, t. I, p. 229). Il faut citer un assez grand nombre d'institutions énumérées dans Zimmern, § 88.

8

quand les circonstances nécessitèrent un changement dans
l'administration de la justice, ils avaient sous les yeux le modèle de la procédure qui devait remplacer le système déchu.

La mort d'Alexandre Sévère et celle d'Ulpien, son préfet du
prétoire, massacrés dans une sédition militaire, avaient marqué
la profonde désorganisation politique et sociale qui précipitait
la décadence de l'empire. « Claude, Aurélien, Tacite et
» Probus, quatre grands hommes qui par un grand bonheur
» se succédèrent (1), » avaient à peine retardé le moment de
sa chute, quand trop tard la haute intelligence de Dio-
clétien vint tenter une réorganisation vigoureuse et chercher dans la force, sinon dans l'unité de la monarchie, le principe d'une vie nouvelle (2). Le partage du gouvernement, la
division administrative du territoire, la séparation des pouvoirs
commencée par l'abaissement des chefs militaires, l'éclat qu'il
donne à la dignité impériale, et qu'il emprunte moins aux
cours de l'Asie qu'au souvenir des fastueux voyages de l'empereur Adrien, sont autant de traces qu'a laissées dans l'administration de l'empire sa puissante activité. Juges ordinaires
des affaires civiles (3), les gouverneurs dans les provinces, re-
levant de l'empereur lui-même ou des magistrats sacrés qui
avaient reçu délégation de sa juridiction suprême, n'avaient
plus à observer ces ménagements pour les intérêts privés que
nous avons signalés en commençant l'étude des procédures de
la république. Ils ne devaient plus s'astreindre à l'intervention
des *judices* dans le jugement des procès, et, le patriotisme des
citoyens s'étant affaibli, « l'insouciance, le dégoût, l'incapacité
» avec lesquels ces fonctions jadis si honorées étaient remplies,

(1) *Grandeur et décadence des Romains*, ch. XVI).
(2) Sur cette administration, *V.* Klimrath, t. I, p. 226 à 230.
(3) *Judex ordinarius*, C. Th. 1, 2, 3 et suiv., *de Officio Rectoris
provinciæ*.

» firent que l'abolition de cette antique institution fut un
» bienfait pour tous. »

Une constitution de l'année 294 supprima l'organisation et
la procédure que nous avons étudiées; elle semble ne s'appliquer qu'aux provinces; mais les anciennes distinctions avaient
disparu, les tributs étaient perçus en Italie; l'ancienne institution démocratique de l'*ordo judiciorum* ne se maintint pas
plus à Rome ou dans les municipes que dans les provinces de
l'empire.

Pour connaître la procédure extraordinaire, il faut se souvenir de la place qu'elle occupait du temps de la procédure par
formule, et en rechercher les anciens usages. L'instance s'y engage de trois manières différentes, et chacune d'elles a son origine dans les institutions antérieures.

Deux défauts étaient signalés dans la *vocatio in jus*, qui, ne
faisant pas connaître l'action, arrêtait les transactions ou les
satisfactions qu'un défendeur mieux instruit aurait librement
consenties, et le forçait toujours à demander un délai pour préparer ses défenses. L'usage (1), régularisé par un décret de
Marc-Aurèle (2), avait permis au demandeur d'éviter les embarras de la *vocatio*, de l'*editio*, du *vadimonium*, en faisant
connaître à son adversaire la nature de sa réclamation, et en
lui accordant les délais d'un *vadimonium* auquel le magistrat
aurait consenti. Ce fut le principe de la *denuntiatio litis* qui,
dans le système extraordinaire, devint la forme générale de
l'ajournement. Il n'en faut d'autre preuve que le Code Théo-
dosien, dans lequel on ne rencontrerait pas une disposition sur
la *vocatio in jus* ou l'*editio actionis*, quand la *denuntiatio* y est
traitée comme un système complet, préparant les lois mo-

(1) Déjà sans doute du temps de Térence.
(2) Aurèl. Victor, *de Cæsar.*, 16, cité, Bonjean, p. 456.

dernes par sa préoccupation de la mauvaise foi, unie à une tendance diligente vers la simplification des procédures.

Après les considérations d'histoire générale que nous avons
effleurées tout à l'heure, nous pourrions montrer Constantin
reprenant l'œuvre interrompue de son glorieux prédécesseur;
nous devons citer au moins la constitution par laquelle (1) il
changea cette *denuntiatio* privée en un acte public, constaté
par un officier ayant le *jus actorum conficiendorum: « ne privata
testatio..... falsam fidem rebus non gestis affigat, »* sans que
l'intervention d'une autorité judiciaire soit nécessaire pour la
validité de cet acte (2).

A côté de ce mode d'ajournement introduit par l'usage
des plaideurs, il en est un autre qui provient des habitudes impériales. L'empereur pouvait, à l'instar des jurisconsultes dans leurs décisions, fournir dans un *rescrit* la
solution des cas douteux, en appliquant le droit existant ou les
logiques conséquences des principes. Il pouvait également y
faire connaître sa volonté pure et simple, et renvoyer une affaire
à un magistrat pour qu'il la jugeât *extrà ordinem* (3). Un rescrit
de ce genre obtenu par le demandeur était déposé entre les
mains du juge, par les soins et les officiers duquel il était
signifié au défendeur, et cette *rescripti editio* (4) introduisait
une instance comme la *denuntiatio litis*. — Quelques constitutions parlent d'un délai de quatre mois qui devait s'écouler
entre la *conventio*, c'est-à-dire la notification de la *denuntiatio*
ou l'*editio rescripti*, et le jour de la comparution devant le juge:
c'est en effet celui qui était accordé aux citoyens en procès

(1) L. 2, C. Th., *de Denuntiatione*, année 322.
(2) Bonjean, t. 1, p. 532.—Godefroy, sur la loi 2, semble d'un avis
opposé, et dit expressément que la *denuntiatio* doit être faite « *apud
judicem, in judicio.* »
(3) L. 8, 9, D. *de Off. præsidis.*
(4) Identique à l'*actionis editio* du système formulaire.

avec le fisc (1). Du moins est-il certain que des délais assez longs étaient accordés au défendeur, et que ces « tempora, post « denuntiationem semel factam vel post editionem rescripti, « ad litem contestandam præscripta, seu legitima et fatalia, « rescripto principis prorogari non possunt (2). »

Mais, durant le système des formules, il y avait bien d'autres procédures extraordinaires que celles que l'empereur avait pour ainsi dire ordonnées par un rescrit; elles étaient introduites par la présentation au juge d'une requête contenant les moyens du demandeur (3); elle devait être signifiée au défendeur par les officiers et à la diligence du magistrat. C'était la citation *per libellum*, qui fut appliquée d'abord aux demandes entièrement liquides et aux affaires urgentes (4), puis généralisée par Justinien.

Dans le Code de cet empereur, les *denuntiationes litis* et les *rescripti editiones* ont en effet disparu ; il suffit d'une simple citation *per libellum*, sans qu'il soit nécessaire que des conclusions soient rédigées. Pendant un temps, le demandeur put même se contenter de faire connaître le principe de la demande et de la faire notifier par l'un des *executores* du magistrat (5).

Quidam vero..... causam arte machinantur, et Justinien, dans la nov. 53, ch. 3, qui met bien en relief le caractère obligatoire, les effets et le moment de la *litiscontestatio*, ne pensa pas qu'une simple *admonitio* fût suffisante. Un *libellus* sera toujours remis au défendeur, et celui-ci aura 20 jours pour délibérer. »

(1) L. 3, C. Th., *de Dilationibus.*
(2) Godefroy, Commentaire sur la constitution de Valentinien, 385. L. 4, C. Th., *de Denuntiatione.*
(3) *Consult. vet. jurisc.* C. 6. — « *Genus actionis edere debet.*»
(4) L. 3, C. Th., *de Denuntiatione.*—L. 6, *eod. loc.*—Const. de Valentinien, 371. — Const. d'Arcadius, 406.
(5) *V.* le chap. 144 de Zimmern, *De l'instance sans* DENUNTIATIO.

« A cette forme nouvelle on transporta les effets que l'an-
» cien droit attribuait à la citation et à l'*editio actionis* (1). »
Elle ne devait pas dispenser le demandeur de présenter ses
moyens, ni le défendeur ses réponses. Les débats devaient,
à un moment donné, s'engager devant le magistrat. C'est à
» l'acte par lequel les deux parties en viennent aux prises,
» l'une en présentant sa demande, l'autre en opposant ses dé-
» fenses (2), » que les textes du droit romain et les interprètes
ont donné le nom de *litiscontestatio* (3).

Nous n'avons pas à pousser plus loin l'exposition des détails
des actes de la procédure ; il n'y a plus lieu qu'à l'administration des preuves et à la sentence. Nous pouvons dire, sans avoir
besoin de démonstration plus ample, que le lien de droit qui
doit astreindre les plaideurs a déjà pris naissance. Mais avec
quel acte de cette procédure simplifiée s'est-il formé ? Aussi
bien, quelle est sa nature, comment les parties s'y trouvent-
elles soumises ? — Il nous faut caractériser auparavant le changement qui s'est produit et l'influence de l'abolition de l'*ordo
judiciorum* sur la nature du droit de chacune des parties.

Sous le système qui précède, la *postulatio actionis*, la *datio*
de la formule, cette teneur de la *condemnatio* : SI PARET... traduisaient la nature intime des choses. Pour obtenir la sentence
d'un *judex privatus* un moment investi de la puissance publique, le demandeur devait solliciter pour le juge cette inves-
titure temporaire, et pour lui-même le droit d'agir devant lui ;
c'est de là que l'acte formulaire, *jus persequendi in judicio*, prit
ce caractère de concession que nous avons signalé et ces
dehors d'une sentence conditionnelle obtenue par le deman-

---

(1) Walter, p. 74.
(2) Zimmern, p. 434.
(3) Textes des Codes de Théod. et de Justinien et des novelles,
cités Zimmern, p. 435, not. 1.

deur, qui nous frappent à la lecture des formules dans Gaius. —Mais quand le procès fut introduit *extra ordinem*, et jugé par un magistrat unique, il n'y eut plus deux décisions comme dans la procédure formulaire. L'étude des moyens du demandeur ne se distingue plus de la *contentio de judicio constituendo* (1). Toutes les raisons qui imposaient à l'action formulaire le caractère d'une concession disparurent, et chacun put à ses risques et périls intenter un procès. « Le droit sanctionnateur est désormais la suite nécessaire de la violation du droit sanctionné (2). »

Il ne peut plus être question de ces exceptions restrictives apportées par la formule au pouvoir qu'elle conférait au juge; le magistrat peut prendre en considération aussi bien l'équité que le droit pour condamner ou pour absoudre, et les exceptions sont comprises maintenant dans les défenses ordinaires.

La délivrance de la formule n'avait donc plus de portée. Une constitution de Constantin (3) supprima cet inutile souvenir de besoins qui n'étaient plus. — Ce fut la consécration de la révolution qui s'était accomplie et qui avait inauguré d'une manière toute-puissante un principe nouveau dans le droit : l'unité. Les distinctions qui séparaient les actions de droit strict des actions de la foi, les *judicia legitima* de ceux qui reposaient sur l'*imperium* du préteur, s'effacèrent, et tous les droits, appréciés suivant les règles d'un droit plus équitable et plus rationnel, furent soumis à une procédure commune et reçurent la même sanction.

Une conséquence, surtout importante au point de vue de notre recherche, est celle qui nous montre les rôles des parties distribués au moment de la demande par l'état même des

---

(1) Cicér., texte cité *supra*, part. orat., ch. 28.
(2) Bonjean, t. 1, p. 530.
(3) L. 1, C. *de Formulis*, ann. 312.

choses. Et, de même que précédemment dans toutes les actions
formulaires, nous retrouvons dans cette procédure, pour astreindre les plaideurs, un lien de droit quasi-contractuel, résultant
de l'inégalité nécessaire des positions qui leur sont imposées.
— La *cautio judicatum solvi*, avec les trois clauses, pouvait
bien, pour les actions *in rem* et le *legitimum judicium in personam*
du système formulaire, faire naître quelques hésitations sur le
caractère de ce lien de droit ; mais la *cautio judicio sistendi* qui
accompagnait les *denuntiationes* (1) et la *fidejussio* du temps de
Justinien (2) ne peuvent sur ce point causer la moindre illu-
sion. Elles répondent à l'engagement que dut bientôt contracter
expressément le demandeur de procéder à la *litiscontestatio*
dans le délai de deux mois (3). Elles garantissent l'exécution
d'une obligation déjà existante, et leur rapport certain de filia-
tion avec la caution *judicatum solvi* pourrait être invoqué pour
corroborer l'explication que nous avons donnée de cette institution de la procédure formulaire.

En cherchant à distinguer le moment où se forme le quasi-

(1) Instit., § 2, *de Satisdat.* — Symmaque, ép. 1, 27. « Qui de
» nous ne connaît Symmaque et sa requête à l'empereur Valen-
» tinien II en faveur du rétablissement de l'autel de la Victoire? Qui
» n'a lu l'éloquent chapitre consacré par M. Villemain au préfet de
» Rome du IVe siècle, qui, dans une pétition d'apparence religieuse,
» poursuivait une restauration politique? » *Études de critique* de
Maurice Meyer, p. 73.

(2) Nov. 53, ch. III. § 2.

(3) Nov. 96, ch. 1. — « Sous peine de payer au demandeur le double
des frais déjà faits, laquelle peine cependant ne pourrait pas dépasser
30 *solides.* » Zimmern traduit, p. 432.

C'est là bien certainement une erreur de l'auteur ou une inexacti-
tude de la traduction: c'est la caution et non la peine qui est ainsi
limitée. Ne voulant pas arrêter les pauvres discrédités dans la poursuite quelquefois légitime de leurs droits, les lois ont fixé un chiffre
au-dessus duquel provision ne sera pas exigée.

contrat judiciaire dans le système que nous étudions, il suffît de remarquer que la nécessité du lien de droit existe du jour de la demande, et qu'il n'y a plus de raison qui suspende sa formation jusqu'à la *littiscontestatio*, pour être conduit à reconnaître que dès lors la *littiscontestatio* et le quasi-contrat judiciaire se distinguent profondément l'un de l'autre. Nous pouvons, dès à présent, fixer le moment où se forme le quasi-contrat judiciaire au jour de la remise du *libellus* au défendeur.

Maintenant, avant de quitter la procédure romaine, jetons un coup d'œil en arrière. Les formes de procéder qui se rattachent au berceau de Rome nous rappellent les maximes du droit public que les habitudes guerrières avaient données à ce peuple. Les parties, armées de la lance, ne reconnaissent aucun droit antérieur à celui que le combat allait créer pour l'une d'elles, quand le préteur a suspendu leurs colères. Il n'y a pas de place ici pour l'abstraction, et nous avons signalé l'absence de tout lien de droit quasi-contractuel dans cette procédure primitive. Il commence à se manifester quand des habitudes plus civilisées eurent introduit le respect du droit de possession du défendeur, et quand la tâche du demandeur ne se résuma plus dans la nécessité de vaincre, mais dans l'*onus probandi* que lui imposent les règles du droit. Puis enfin il apparaît avec tous ses effets et dans sa simplicité, quand disparurent ces entraves que lui opposait encore le système des formules.

En même temps, et par un progrès égal, s'effaceront les formes sacramentelles et le caractère religieux que la civilisation étrusque avait donnés aux coutumes judiciaires des Romains. Elles disparaîtront tout à fait sous l'influence de la philosophie grecque pendant le laps de temps qui sépare Caton de Cicéron. On pourrait montrer le dédain qui frappa les procédures formalistes encore et les pratiques multipliées du système des formules, si curieux et si bien approprié pourtant à la constitution et aux mœurs de Rome; on le verrait aboutir à cette instance dégagée que les Codes de Théodose et de Justinien nous ont appris à connaître. Quelques historiens ont, pour mettre en relief le progrès du droit, affectionné cette idée, le droit quiritaire [s'humanise; ne pourrait-on pas dire qu'avec le progrès de la civilisation le principe abstrrait du quasi-contrat judiciaire se dégage, que la procédure devient plus rationnelle, que les formes se simplifient?

Dans la seconde partie de cette histoire, nous rencontrerons un temps où les institutions rappellent involontairement les antiques procédures de la république romaine; nous verrons le principe du quasi-contrat arrêté dans sa marche par l'institution de la CONTESTATION EN CAUSE, qui n'est qu'une application un peu servile et incomplète des principes du droit romain, et nous arriverons à un résultat presque identique à celui qui résume la procédure de Justinien; mais nous devons nous hâter et passer un grand nombre d'observations, après avoir accepté tous ces détails, parasites peut-être, et n'avoir pas su faire un choix dans tant d'éléments et de matériaux amassés.

DEUXIÈME PARTIE.

Bien grandes avaient été la désorganisation de l'empire et les corruptions qui précipitèrent sa chute, et cependant la supériorité morale des vaincus sur les vainqueurs reste presque toute-puissante dans la société sans nom qui prit la place de la civilisation disparue. La législation romaine, si profondément empreinte de bon sens et d'esprit pratique, suffisait pour assurer ce triomphe; elle seule pouvait régler les relations variées et durables qu'allaient contracter les barbares, et qui jusqu'alors leur étaient restées inconnues. « Tout en conservant » leurs coutumes, tout en demeurant les maîtres du pays, ils » se trouvèrent pris pour ainsi dire dans les filets de cette lé- » gislation savante, et obligés de lui soumettre en grande » partie, non sans doute sous le rapport politique, mais en » matière civile, le nouvel ordre social (1). »

Voilà le mot de notre recherche sur la procédure au moyen âge. Tout ce qui tient à l'ordre politique, à l'organisation judiciaire, qui lui est si intimement liée, est changé par les barbares; ce qui tient aux preuves, aux droits réciproques des parties, à la procédure proprement dite, est emprunté chaque jour aux dispositions des lois romaines. — Celles-ci trouvaient dans le principe DE LA PERSONNALITÉ DES LOIS un puissant espoir de perpétuité. Il avait également régné parmi les diverses tribus germaniques : les Francs, les Bourguignons et les Goths vivaient sur le même sol, chacun suivant le droit de sa nation. Il avait été aussi dans l'esprit primitif des Romains. Une lettre d'Agobard, archevêque de Lyon, à Louis le Débon-

(1) *Histoire de la civilisation française*, t. 1, p. 386.

naire nous dit que de son temps « souvent on voit converser
« ensemble cinq personnes dont aucune n'obéit aux mêmes
« lois (1). »

Mais l'ascendant du droit romain fut déterminé bien plus
puissamment encore par l'influence qu'exercèrent les coutumes
ecclésiastiques. « Les églises, considérées comme personnes
» juridiques, suivaient naturellement le droit romain. D'abord
» elles l'avaient toujours suivi, et le maintien de leurs droits
» était pour les peuples un article de foi; en outre, il leur
» était indispensable, à cause des règles qu'il contenait sur
» leurs nombreuses prérogatives et sur tant de matières spé-
» ciales, étrangères au droit germanique (2). » Plus tard,
quand les décrétales des papes eurent pris la place des constitutions des empereurs, quand, empruntant les dispositions des
lois romaines pour les approprier aux besoins du moyen âge,
y suppléer et les modifier quelquefois, le droit canonique se
fut constitué et les juridictions ecclésiastiques établies, « c'est
« la procédure civile qui a été le produit le plus important des
» lois canoniques et qui a subi les plus grandes transforma-
» tions; la majeure partie des dispositions qui règlent encore
» aujourd'hui l'administration de la justice civile dans le
» centre et l'occident de l'Europe proviennent des lois cano-
» niques (3). » « Si les principes sur le mariage, les testaments,
» les juridictions, l'appel et la procédure civile, se conservèrent
» dans les plus mauvais jours et malgré l'effort des mœurs
» barbares et tous les désordres qu'elles traînaient avec elles,
» l'Europe en fut redevable à une législation qui savait rester
» fidèle aux dogmes de la vérité éternelle, sans rien refuser

(1) Cit., Charles Giraud, p. 390.—Voir surtout l'une des belles dissertations de M. Pardessus sur la loi salique.

(2) Savigny, *Droit romain au moyen âge*, ch. III, § 40.

(3) Kœnigswarter, *Revue crit.*, t. VI, p. 94.

» au génie des peuples et aux exigences des temps (1). »

Pour suivre le développement de la procédure sous l'empire de ces influences diverses, il nous faudra diviser notre recherche en plusieurs périodes (2). La première, s'arrêtant à l'époque de saint Louis, comprendra l'époque vraiment barbare et celle des Capitulaires; elle ne nous permettra qu'avec peine de retrouver quelques règles constantes d'une procédure qui n'est pas encore constituée. La seconde, s'étendant jusqu'au temps de la rédaction des coutumes, où la grande institution de l'ancienne procédure, la contestation en cause, a pris son développement (3), comprendra l'époque du grand travail de fusion qui prépare la procédure moderne, et nous forcera à l'étude des Établissements, du Conseil de Pierre de Fontaines, du livre de Jostice et de Plet, et surtout de l'admirable ouvrage de Beaumanoir, dont nous analyserons les parties intéressant notre travail. La troisième période enfin, après la contestation en cause, les ordonnances de 1539 et de 1667, nous conduira au Code même qui nous régit.

CHAPITRE Ier.

DE LA PROCÉDURE JUSQU'AU XIIIe SIÈCLE.

Partout où les barbares eurent le temps de consolider leur puissance, les hautes magistratures de Rome disparurent; la division de l'empire en provinces, les *rectores* et l'organisation judiciaire qui en dépendait ne furent plus que le souvenir

(1) Comte Beugnot, sur Beaumanoir, p. XLVIII.

(2) Il y a dans le 1er vol. de Klimrath, sur le caractère du droit français et les périodes de son histoire, deux pages d'une incomparable éloquence, § 102 et 103.

(3) Ord. de Roussillon, ann. 1493, art. 2, 3, 4. — De Villers-Cotterets, ann. 1539, art. 18, 30, 31, 47, 63, 94.

d'un état de choses renversé et vaincu. Mais l'organisation municipale des cités, leurs sénats et leurs duumvirs restèrent assez généralement respectés ; les magistrats seuls furent remplacés. C'est que (les raisons en ont été dites admirablement ailleurs) (1), dans le grand mouvement des invasions, la cité romaine n'avait manifesté aucune vie politique : non-seulement elle n'avait pas tenté de soutenir pour l'empereur une lutte contre les barbares, mais encore, abandonnée à elle-même, elle n'avait tenté pour son propre compte aucune résistance ; c'est aussi que la juridiction municipale des Romains et l'organisation germanique étaient assez compatibles. Le *præses* fut remplacé par le *graphio* (2), et ce « dépositaire su-
» prême de la juridiction la déléguait aux *centenarii*, quand il
» ne s'agissait pas d'un crime capital, de l'état des personnes,
» de la propriété d'un immeuble ou d'un serf (3). »

Dans ces sortes de procès, tous les documents s'accordent à constater que le graphio ou comes ne prenait pas de part au jugement. Ses fonctions consistaient à prendre les mesures nécessaires pour que la cause fût jugée, à composer le tribunal au milieu des difficultés qui naissaient du principe de la personnalité des lois (4), quelquefois à nommer des défenseurs aux veuves et aux pauvres (5), à diriger la procédure, à présider les citoyens qui, sous le nom de RACHIMBOURGS, étaient chargés d'entendre les parties et de juger les causes (6). Cette organisation judiciaire était générale : les Romains portaient leurs

(1) Guizot, *Essais sur l'Histoire de France. — Du Régime municipal dans l'empire romain.*
(2) Appelé ainsi dans la loi salique, t. 56, et dans Frédégaire, et *comes* dans Grégoire de Tours. — Savigny, p. 181.
(3) Savigny, p. 184.
(4) Pardessus, loi salique, 2e *Dissertat.*, p. 448.
(5) Marculfe, l. 1, form. 8.
(6) Pardessus, 9e *Dissertat.* sur la loi salique, p. 574.

causes au même *mâl* que les Francs (1), à la seule différence
qu'on les jugeait par la loi romaine.

Celui qui voulait traduire son adversaire devant le mâl lui
donnait un ajournement, ce que la loi salique appelle *man-
nire* : *si quis ad mallum legibus dominicis mannitus fuerit* (2);
sans que ces mots : *legibus dominicis*, doivent faire croire que
le demandeur était obligé de solliciter du président du *mâl*
(comte ou centenier) une intimation juridique, une *lex domi-
nica*, pour le défendeur, de comparaître à un jour déterminé.
Nous n'avons pas à développer tous les détails des délais accordés par la loi salique : les 40 nuits pour comparaître (3),
l'amende de 15 sols pour non-comparution (4), les 3 somma-
tions nécessaires, etc. Deux choses seulement sont à noter;
elles nous fourniront la lumière sur le point spécial de notre
recherche : c'est l'obligation de comparaître en personne au
mallum, et la nature de la condamnation.

C'est un principe commun à toutes les législations primi-
tives que celui qui oblige à comparaître en personne devant
les juges. La faculté de s'y faire représenter est une conquête
des temps plus avancés. La rigueur des principes de la *vocatio
in jus* empêchait en général la représentation sous le premier système de procédure romaine (5). Sous le système formulaire, il faut transférer au représentant le *dominium litis*, en

(1) *V. eod.*, 6e *Dissert.*, p. 514, où M. Pardessus établit cette opinion à l'encontre de M. de Savigny.

(2) T. 1er, § 1.

(3) Pardessus, *lex emendata*, tit. 49. — 80 nuits pour les citations
à donner au delà du fleuve qui limitait l'Aquitaine, ou de la forêt
Carbonnière qui sépare les Saliens des Ripuaires. — Laferrière, III,
p. 87.

(4) Pardessus, *eod.*, titre 1er.

(5) Gaius, *Comm.* IV, 82. — L. 123, *de Reg. juris*, qui doit être
appliquée même aux actes de la juridiction volontaire, empruntant
les formes des actions de la loi.

faisant figurer dans l'*intentio* le nom de l'ayant droit et en rédigeant la *condemnatio* au profit de celui qui le représente (1). Chez les Francs, l'obligation de répondre en personne, en vigueur sous la première et la seconde race, se perpétue longtemps encore. Pour confier la défense de sa cause à un mandataire, il fallait en avoir obtenu *la grâce* du roi (2). Cette faculté fut ensuite concédée comme une faveur aux établissements ecclésiastiques (3). Un capitulaire de 833 leur fit une obligation (4) d'avoir un *advocatus* pour les représenter dans les procès. Plus tard, la faculté de se faire représenter fut accordée à tous les défendeurs : « Çascuns par le coustume de Bia-
» voisis en soi deffendant pot envoier procureur..... Mais en
» demandant, nus n'est oïs par procureur se ne sont persones
» previlegiés, si comme eglises, ou persones qui soient embe-
» sougniés pour le commandement du roi ou du conte (5)... »

C'est ce droit que Loyzel résume dans deux de ses Règles (6), expression d'un état ancien déjà pour le temps des instituts coutumières (7), mais postérieur à l'époque barbare qui nous occupe, et pendant laquelle le principe de la comparution personnelle fut rigoureusement observé.

Un autre fait la domine, c'est le rapprochement, presque la confusion, entre l'ordre civil et l'ordre criminel, dans l'esprit des lois barbares, en cela conformes à la loi salique. Une seule organisation judiciaire suffisait aux affaires, aux litiges des

---

(1) Gaius, *Comm.* IV, 86, 87. — *Frag. Vat.*, 317 et suiv.
(2) Bignon, sur la 21ᵉ form. du 1ᵉ liv. de Marculfe.
(3) Mlle de Lezardière, t. VII, p. I, p. 8 et 9.
(4) Pardessus, *loc. citato*.
(5) Beaumanoir, *Cout. de Beauvoisis*, ch. IV, § 2.
(6) *Règ.* 374 et 375. — Voir les notes et la curieuse citation des œuvres inédites de l'Hôpital. Édit. Dupin et Laboulaye.
(7) An. 1607. — *V. Introduct. hist.*, Dupin et Laboulaye, p. 85, et *Abrégé de la vie de M. Loyzel*, p. 61.

deux ordres, et, agissant d'après le même principe, elle remplis
sait dans l'ordre purement civil les mêmes fonctions que dans
la sphère pénale : « Elle ordonnait la preuve des faits ; elle
» appliquait la composition attachée aux infractions de la loi
» civile comme à celles de la loi criminelle.

« C'est en effet une chose bien remarquable que les disposi-
» tions de la loi salique sur les objets d'ordre privé soumis à
» la juridiction contentieuse entraînent presque toujours
» comme condamnation une composition pécuniaire. S'agit-il
» d'ajournement méprisé, d'affranchissement illégal, de
» l'achat du *mundium* relatif à la veuve, d'un recours injuste
» au graphion ou comte, du déni de justice des rachimbourgs,
» d'un mariage manqué par le désistement du fiancé? — Tout
» se termine par des compositions en sous et deniers (1). »

Il ne faudrait pas croire cependant, comme semblerait nous
y conduire cette remarque un peu trop absolue, que tel fut le
résultat unique du procès. Dans une condamnation réelle, la
chose était rendue au propriétaire par l'expulsion de l'injuste
détenteur, et le titre 52 de la loi salique (2) nous trace les voies
d'exécution qui font recouvrer au créancier les sommes qui lui
sont dues. Il y a toujours une décision sur le fond du procès ;
les compositions l'accompagnent et s'appliquent à toutes les
réparations auxquelles peut se trouver obligée la partie qui
succombe.

La comparution personnelle des parties ne permet pas de déterminer dans la simple instruction des affaires un moment où
un lien de droit serait formé pour astreindre les parties l'une à
l'égard de l'autre. Du reste, le système des compositions, sanc-
tionnant les infractions à la loi civile, est venu rendre sa forma-

(1) Laferrière, t. III, p. 218, et les titres de la loi salique par lui
cités. — Peligny, *Études sur l'ép. mérov.*, t. III, p. 118 et 247.
(2) Cinquième texte de M. Pardessus, p. 311.—Expliqué, 9e *Disser-*
tat. in fine. — Traduit, Laferrière, t. 3, p. 213.

9

tion inutile. L'obéissance au jugement qui doit intervenir, la destinée de la chose litigieuse, la restitution des fruits sont assurées par ce vaste système de réparations civiles, dont un ingénieux auteur nous a montré l'importance et la généralité. Nous devons avec surprise constater ce que nous n'avions pas encore rencontré, l'absence d'un lien de droit contractuel ou d'un quasi-contrat judiciaire (1). Leur raison d'être manque; leurs effets seraient absorbés par une institution rivale et plus étendue. Ils devaient momentanément disparaître.

Cependant il serait possible de retrouver à cette époque une renaissance incomplète de principes que nous avons déjà rencontrés. Un avocat grec du vi° siècle, le continuateur de Procope, nous dit dans un passage souvent cité : « Les » Francs ont adopté en beaucoup de choses la police des Ro- » mains et leurs lois ; *ils contractent comme eux*, ils se marient » de même (2)..... » Il eût pu ajouter : ils suivent des procé- dures analogues, et Marculfe nous fournirait la preuve de sa sincérité.

Ce moine du vii° siècle a laissé, dans la rédaction des for- mules (3) qui l'ont rendu célèbre, une empreinte profonde de l'esprit chrétien qui l'animait et qui l'a guidé dans son œuvre. Il emprunte au droit écrit et aux usages gallo-romains la formule de la plupart des contrats. Souvent la clause de stipulation en est une preuve directe (4), et la procédure, sur laquelle du reste

(1) L'absence du quasi-contrat judiciaire est surtout évidente dans les coutumes germaniques, où l'acceptation de la composition par la partie lésée était facultative et non obligatoire. Pétigny, t. iii, p. 121.

(2) Agathias : de l'an 532 à 559 de notre ère. — Laferrière, t. iii, p. 209, et un passage plus étendu, p. 231.

(3) Vers l'an 660. — Klimrath, i, 336.

(4) «..... Ideo per hoc vinculum cautionis *spondeo* me..... ipsum » argentum vestris partibus esse rediturum ... » — Marculfe, l. ii, tit. 25. *Cautiones diverso modo factæ.*

il ne nous donne que quelques renseignements, est évidemment dominée par le souvenir de la procédure extraordinaire.

Une caution consignée par le demandeur sur l'ordre du magistrat : « *Veniens ille , in nostri vel procerum nostrorum præsentia*.... ET AB HOC PER NOSTRAM ORDINATIONEM TALES DATOS FIDEJUSSORES HABUISSET, UT K. L. ILLIS EX HOC *in nostri præsentia debuisset adstare causantes* (1), » nous rappelle le § 2, Inst., *de Satisdationibus*, et la novelle 96, ch. l", qui oblige le demandeur à s'engager à poursuivre le procès.

Le roi peut être appelé à rendre une décision judiciaire dans les choses importantes, *de magnâ re* (2). Marculfe nous conserve le prologue de sa sentence : « .... *Ut juxta propositionum, vel responsionum alloquia, inter alterutrum salubris donetur sententia..... Ergo nos, in nomine Domini, ibi in palatio nostro.... una cum dominis et patribus nostris episcopis........* IBIQUE VENIENS ILLE ILLUM INTERPELLAVIT CUM DICERET... etc. (3). »

Il nous semble pourtant que cette restauration est trop incomplète encore pour que le principe du quasi-contrat judiciaire puisse reparaître. Il y a lieu de croire que les infractions aux obligations des parties étaient réprimées par le système de réparations que nous avons fait connaître, et que la comparution du défendeur était assurée par la crainte du *judicium evenditale* qui devait, en son absence, être prononcé contre lui. « .... *Datum videtur contra eum qui, re cujuspiam ablatâ, in jus vocatus, ad placituum, nulla missa vel nuntiata sunnia, seu*

(1) Marc., l. 1, f. 37, *Judicium evenditale.*
(2) *V.* la composition de son tribunal. — Pardessus, 9e *Dissertat.*, p. 567.
(3) Marc., l. 1, form. 25.—Prologus de *judiciis regis, cum de magnâ re duo causantur simul.*

» *excusatione, venire distulit. — Tunc enim is, cui res ablata*
» *erat, eam, judicio secundum loci legem lato,* EVINDICASAT *seu*
» EVINCEBAT (1). » Il nous semble que dans Marculfe et les Capitulaires nous ne trouvons pas même la préparation de la
procédure qui, suivie dans les tribunaux ecclésiastiques,
et enseignée par les jurisconsultes, ressuscita dans les coutumes l'organisation de la procédure romaine. D'un ancien
ordre de choses, ce n'est qu'un dernier souvenir qui lui-
même va disparaître. C'est qu'après les invasions et les
guerres, nous sommes encore à « l'époque barbare... Juxta-
» position d'éléments grossiers qui coexistent et se heurtent
» sans réussir à se pénétrer; période de transition et de prépa-
» ration, après laquelle seulement pourra venir ce qu'on ap-
» pelle l'anarchie féodale, creuset redoutable où la fusion enfin
» s'opère (2). »

Klimrath n'étend cette période que jusqu'au IXᵉ siècle, et
nous croyons devoir l'étendre jusqu'au temps de saint Louis,
comprenant ainsi sous le même nom l'époque barbare proprement dite, celle appelée *droit mixte* par un autre auteur, et ce
qu'on appelle *l'anarchie féodale.* C'est que si, pour l'historien
du droit, « l'anarchie féodale du Xᵉ siècle paraît la dernière
» solution de la conquête germanique, marque la fin d'une
» période et le commencement d'une autre (3); » si les édits
des Carolingiens et leurs capitulaires « marquent déjà la
» double action de la société romaine et ecclésiastique sur la
» société germanique..., révèlent la puissance secrète d'un
» droit mixte qui se formait d'éléments divers, coexistants
» sur la terre des Gaules, et qui introduisait jusque dans le
» code de la loi salique ses premières et hâtives élaborations

(1) V. Ducange, v° *Exinditale, — Solsitare, — Sunnia.*
(2) Klimrath, t. 1, p. 290.
(3) Laferrière, t. III, p. 5.

» de christianisme et de droit romain (1), » il n'en est pas
de même au point de vue de la procédure, surtout pour l'étude
du quasi-contrat judiciaire.

Que voyons-nous, en effet, pendant cette période qui ne
puisse se résumer dans le duel judiciaire, la plus célèbre des
ordalies? Il semble qu'il soit devenu nécessaire par le mépris
qu'inspiraient ceux qui n'avaient d'autres défenses à fournir
que des témoignages toujours suspects, et par le peu de respect
accordé, chez ces peuples fiers et guerriers, au serment inté-
ressé des plaideurs. « C'est, dit Gondebaud, roi de Bourgogne,
» afin que nos sujets ne fassent plus de serment sur des faits
» obscurs et ne se parjurent pas sur des faits certains (2). »
La loi des Bavarois donne le même motif (3), et l'empereur
Othon le Grand substitue, en 967, le combat judiciaire à la
preuve par serment. A la vérité, 25 ans auparavant (4), alors
qu'il n'était que roi de Germanie, il avait fait plus encore en
livrant au hasard du combat les décisions du droit lui-même.
« Il se présenta, dit Pasquier (5), une question devant l'em-
» pereur Othon, premier de ce nom, si, en succession directe,
» représentation avait lieu, en la résolution de laquelle les
» docteurs se trouvaient empêchés. Il fut trouvé bon de re-
» mettre la décision de cette obscurité au jugement des armes,
» et furent choisis deux vaillants combattants pour le soutene-
» ment du pour et du contre. » Les champions des petits-en-
fants l'ayant emporté, la cause de la représentation fut gagnée!

Les Assises de Jérusalem, dont la rédaction limite dans l'his-

(1) *Kod.*, p. 251.
(2) Montesquieu, liv. 28, ch. 17 : *Manière de penser de nos
pères.*
(3) « Ut devitentur perjuria.... »
(4) D'après la chronique de Sigebert, citée par M. Laferrière, III,
p. 424.
(5) Cité, Bélime, *Philos. du droit,* II, p. 628.

toire l'accroissement de la féodalité, expriment les mêmes dé-
fiances contre les « homes ou femes de la loy de Rome (1) ; »
et l'on peut dire qu'à cette époque : « accusation et défense,
» procédure et preuves, jugement des questions de fait ou de
» droit, tout tendait au duel ou s'accomplissait par le combat
» judiciaire (2). »

Il fallait la renaissance du droit romain (3) et le réveil des
idées plus saines qui dès lors se répandirent, pour qu'en 1270
saint Louis pût ordonner, « en lieu de bataille, preuves des
» témoins et des chartres selon le droit écrit en code et titre
» *de pactis* (4). »

L'Église elle-même, si supérieure aux idées de ce temps,
était obligée de se soumettre à ce fait général et d'accepter
cette tendance en la combattant. Saint Yves de Chartres, qui
fut en France, au commencement du III° siècle, « le rayon de
» la première heure pour la renaissance du droit romain (5), »
et qui blâme dans ses lettres le combat judiciaire, vit sa propre
cour ecclésiastique l'ordonner dans une cause où lui-même
avait fourni son témoignage (6). « En 1180 seulement, les pré-
» lats s'assemblèrent et jurèrent de ne plus combattre (7). »

(1) Citées, Bélime, *eod.*, p. 627.
(2) Laferrière, t. III, p. 424.
(3) Comme témoignages de la lutte, le passage de la *Pratica aurea*
de Petrus Jacobi, cit., Minier, p. 299. — Et Pierre de Fontaines :
« Et certes plus profitable lor sera li ameusuremens la justise que la
» bataille... Et se li uns et li autres est si curevés qu'il n'en demande
» nul amesurement entrer puent par folie en péril de gage... Bataille
» n'a mie leu ou justise amesure. » — Ch. 15, § 17, 18, édit. Marnier, p. 127.
(4) Etablissements, l. 1, ch. 11.
(5) Laferrière, *eod.*, p. 308.
(6) Cartulaire de St-Père de Chartres, publié, Guérard, p. 31, et
cité, Bélime, *eod.*, p. 628.
(7) Minier, p. 381.

Pourquoi donc les cours ecclésiastiques auraient-elles, sans de fréquentes exceptions, soutenu la règle opposée à cette coutume, fondée sur l'idée si pieuse que Dieu ne manquerait pas d'intervenir pour manifester la vérité?

Le combat judiciaire était si profondément entré dans les mœurs du temps, que, « quand li roys Loys les ostât de sa cor, » il ne les osta pas des cours de ses barons (1); « que nous le voyons encore réglementé par tous les documents juridiques de l'époque postérieure (2); que Philippe le Bel, en 1306 (3), ne put faire plus que de réserver au roi et au parlement le privilége de l'ordonner, et qu'en 1386 (4) le parlement use encore de ce judiciaire et étrange pouvoir.

Le génie de Montesquieu, après avoir montré dans l'esprit de cette nation, uniquement guerrière et croyante, la raison de cet usage, a pu dire que « dans les circonstances des temps... » il y eut un tel accord de ces lois avec les mœurs que ces » lois produisirent moins d'injustices qu'elles ne furent injus- » tes; que les effets furent plus innocents que les causes ; » qu'elles choquèrent plus l'équité qu'elles ne violèrent les » droits ; qu'elles furent plus déraisonnables que tyranni- » ques (5). » Qu'il nous suffise de montrer que la logique en est absente, pour prouver en même temps l'absence de ce quasi-contrat judiciaire, qui prend son point de départ dans le respect du droit de possession du défendeur, et a pour but d'assurer, par une fiction, au demandeur ses droits éventuels.

S'il fallait classer cet événement de l'histoire de la procédure, il nous serait facile d'y signaler un véritable contrat ju-

(1) Beaumanoir, ch. 61, § 15. — Ordonnance de 1260, 1er vol. des ord. du Louvre, p. 86, et Izambert, t. I, p. 283.
(2) V. not. de Beugnot sur Beaum., t. II, p. 375.
(3) Ord. transcrite, très-anc. Cout. de Bourg, § 259, 160.
(4) L. IV, ch. 49, de Froissart.
(5) Esprit des lois, l. 28, ch. 17.

diciaire. Les détails que nous donne Beaumanoir sur le gage
de bataille, les défenses sur gage et les cérémonies des présen-
tations (1), les plaidoiries écrites dans l'ancienne coutume de
Bourgogne (2), postérieurement à 1300, les formules des trois
serments que doivent jurer les parties (3), donnent au duel judiciaire un caractère contractuel d'une incontestable évidence.
Heureusement nous n'avons pas à reprendre la brillante analyse
de Montesquieu (4), et quelques souvenirs suffiront pour mettre
en relief cette vérité. Chaque plaideur, après avoir *advouhé* les
faits exposés, s'adresse au seigneur ou à la Cour, et dit : « Ou
» cas que gaige de bataille y chiee je man deffenderay comme
» gentil homme bon et leaul et comme celuy qui n'a tort en la
» cause proposée contre moi et me y offre et en baille mon
» gaige. » Il jette un gantelet, et l'adversaire le relève en signe
d'acceptation du combat : c'est de là que cette institution a pris
son nom expressif de *gaige de bataille* (5).

Le contrat est alors constaté : « Gaige doit être adjugé en
» jugement et doit on réciter en substance le cas de l'appelant
» et les défenses de l'appelez, et ce qui en a été fait ou procès,
» *et comment et sur quoy les parties sont de droit appoin-*
» *tées* (6). » Les parties sont astreintes l'une à l'égard de l'autre : « Quand li gages sont donnés et reçus du juge, la querèle
» di quoy li gages sont, doit demourer el point que li gaiges
» sont donnés (7) ; » et « aucuns coutumiers dient, que par la
» coutume, si aucun, après les gaiges jettiés et bailliés, c'est
» assavoir aucune partie se départ de la Court sans congié, elle

(1) Ch. LXI, LXIII, LXIV.
(2) Nos 271, 273. — Giraud, sur le droit français, p. 316 et suiv.
(3) *Eod.*, nos 252 et suiv.
(4) *Esprit des lois*, liv. XXVIII, ch. 22 à 29.
(5) V. Minier, p. 383.
(6) C. de Bourg., n° 274.
(7) Beaumanoir, ch. 61, § 56.

» sera tenue pour convaïncue (1). » Nulle institution commune à ce temps et au nôtre ne peut mieux que le serment déci-soire donner une idée du lien de droit qui s'est formé ; il a tel-lement le caractère d'une transaction et d'un véritable contrat, qu'aucune voie de recours ne pouvait être donnée contre le juge-ment que le hasard du combat allait imposer à tous (2). « Pro-» mièrement quand l'un confesse sa coulpe où il se rend : se-» condement quand son ennemi le met hors des lices ou vif » ou mort, et en ce cas le corps est délivré au maréchal comme » vaincu et attaint et pour en faire justice, ses biens confisqués » *après restitution de partie* et ses ploiges retenus pour les in-» jures, dommaiges et intérêts ; —et le vainqueur après ce, » s'en doit partir à cheval, et en ses armes, et ses hostages » délivrés (3). »

Cette brève étude du système qui partage avec celui des compositions pécuniaires l'histoire de la procédure pendant la première période de notre recherche nous permet de dire avec assurance qu'à la première époque féodale, comme à celle des invasions, le quasi-contrat judiciaire n'existait pas. Du v° au ix° siècle, la procédure de la loi salique, généralement suivie par les Francs, est incompatible avec l'idée d'un engagement quasi-contractuel. Quelque temps l'esprit des lois barbares, « qui était » de régler la plupart des affaires par des amendes (4), » sub-sista seul ; elles-mêmes avaient disparu sous l'influence des causes que Montesquieu nous fait connaître (5). Dans le cours du ix° siècle, tomba dans l'oubli, même ce souvenir, et « la » grande extension de la preuve par le combat en fut la prin-

(1) C. de Bourg., n° 271.
(2) Minier, p. 391. — Cout. de Bourg., n° 291. — Beaumanoir, ch. xi, § 30.
(3) Cout. de Bourg., 289.
(4) *Esprit des lois*, l. 28, ch. ix.
(5) *Eod.*, ch. ix, x, xi, xii.

« cipale cause (1). » Nous avons montré le caractère juridique
de cette institution, vivace dans la société féodale, et nous
devons à présent aborder l'étude de la seconde époque de la
procédure, empreinte encore de l'esprit féodal, mais indiquant
puissamment déjà qu'avec les temps modernes une ère nouvelle va commencer.

CHAPITRE II.

DU PLET ENTAMÉ DANS LA PROCÉDURE FÉODALE.

> « Avec Pierre de Fontaines et les cou-
> » tumes de Beauvoisis, il serait facile de
> « reconstituer toute la procédure civile au
> » moyen âge. »
>
> MINIER, p. 194.

Au xiii° siècle, la diversité des usages était si grande, « c'on
» ne pourroit pas trouver el royaume de France deux chaste-
» leries qui de tot usassent d'une meisme coutume (2). » C'était
surtout dans la procédure que cette diversité se devait produire,
puisque c'était la multiplicité des justices qui avait amené la
multiplicité des usages. Les rois concédèrent aux établissements ecclésiastiques des portions plus ou moins considérables
du domaine, et y interdirent aux juges ordinaires l'exercice
des actes de juridiction. La concession des fiefs en faveur des
leudes ou fidèles eurent le même caractère : ils reçurent eux
aussi les *immunitates regiæ*. « Les plaids des immunités durent
» adopter une jurisprudence, des règles de droit dont les ef-
» fets étaient circonscrits dans l'immunité et prenaient un

(1) *Eod.*, ch. xix.
(2) Beaumanoir, *Cout. de Beauvoisis*, prologue.

» caractère territorial... Et de même que les concessions d'im-
» munités.... préparèrent les justices seigneuriales de la troi-
» sième race, de même les usages suivis dans les justices
» patrimoniales préparèrent l'établissement des coutumes lo-
» cales (1). »

Mais le temps était venu où l'unité allait commencer. La
prépondérance royale et l'étude du droit romain avaient, en
s'étendant, commencé la ruine de l'organisation féodale : ruine
lente d'abord, bientôt certaine et consommée par les travaux
des jurisconsultes. Deux surtout, magistrats profondément
versés dans la pratique, conseillers intelligents de la royauté,
ont contribué à cette œuvre de civilisation. Les fonctions de
baillis, qu'avaient longtemps remplies Pierre de Fontaines et
Beaumanoir, les avaient initiés à la connaissance des principes
et des nombreuses variétés du droit coutumier. « Leur séjour
» dans les provinces et la part qu'ils prenaient aux délibéra-
» tions du parlement leur fournissaient, avec la connaissance
» des faits, le moyen de tirer de leurs observations particu-
» lières des conséquences générales et théoriques (2). »

Ils nous ont laissé deux livres se complétant et bien distin-
gués entre eux : l'un, d'une critique assez incertaine, rend les
principes du droit commun en traduisant ou paraphrasant les
lois romaines; l'autre, d'un sens droit et sûr, reste original
alors même qu'il ne fait que répéter ce que les jurisconsultes
ont dit avant lui : le premier, d'une exactitude plus simple; le
second, d'une personnalité plus grande; tous les deux également
utiles et profitables. Pierre de Fontaines; résumé fidèle
d'une jurisprudence ambulatoire, hésite à décider les questions
qu'il pose et se sert d'expressions dubitatives; Beaumanoir,
interprète plus libre des usages, obéit plus résolument aux

(1) Pardessus, 9ᵉ *Dissertation*, p. 696. — *Esprit des lois*,
liv. 30, ch. 20, 21.
(2) Beugnot, sur Beaumanoir, p. VIII.

lumières de sa raison et semble surtout nous initier à sa propre pratique.

Peut-être le tableau d'une époque est-il mieux reproduit par les écrivains doués d'une personnalité moins grande que l'auteur des *Coutumes de Beauvoisis*; mais son livre, dicté par une inspiration plus haute, soutenu par un souffle plus puissant est celui que nous aimons le mieux relire et choisir pour guide au milieu des obscurités de la justice et de la procédure du moyen âge.

Les actes qui assurent la comparution du défendeur, la formation et la détermination de la demande, la présentation des exceptions et défenses, enfin les modes divers de procéder au jugement, nous montreront l'ensemble de cette procédure et nous permettront de distinguer les deux liens de droit qui prennent naissance, les temps où ils se forment et le caractère qui appartient à chacun d'eux.

§ 1. — Celui qui veut avoir amendement par justice doit faire *semonre* ou ajourner celui de qui il se veut plaindre. Si le demandeur est un seigneur qui veut semôure un gentilhomme, « par le reson de ce qu'il tient de li fief, » il doit le faire ajourner par deux hommes ses pairs, « ou par aucuns « prud'hons souffisant, » après les avoir « carqulés qu'ils « dient la cause à son home, par quoi il est semons (1). » Si le comte ajourne ses sujets, il peut le faire par ses sergents, qui, sur leur serment, sont crus de la remise de l'exploit « à lor « personnes meisme ou à lor ostel (2). » — Il y a heures et jours auxquels on ne doit pas assigner (3), et au noble il fallait « au moins quinze jors d'espasse (4). »

(1) Beaumanoir, ch. 11, § 2. — *Etablissements*, ch. 67, liv. 1er.
(2) Beaumanoir, ch. 11, § 12, 13.
(3) *Eod. loc.*, § 32 et suiv.
(4) *Eod. loc.*, § 2. — Règle 45, de Loyzel. — Pierre de Fontaines, cb. 111, § 1.

Des raisons de deux ordres peuvent être invoquées pour différer la comparution : les ESSOINES et les CONTREMANS, qui se distinguent en ce que « celui qui contremande remet l'ajour-
« nement à un jour certain sans être obligé d'affirmer ; au lieu
« que l'essoine se propose sans jour certain, mais pour une
« cause certaine que l'on est obligé d'affirmer véritable (1). »
La nécessité de rendre le jugement en présence des parties avait donné une grande importance à la matière des contremans et aux divers motifs d'essoines. Le principe du serment de l'essoine est écrit dans Beaumanoir (2), et Pierre de Fontaines (3) nous en a transmis les religieuses solennités et la formule.

Les vilains pouvaient être semons « du matin à vespre et
« du vespro au matin (4), » et ils ne pouvaient opposer contremans, mais bien obtenir délai par loial essoine (5).

§ 2. — Supposons que les actes destinés à assurer la comparution des parties aient obtenu leur résultat, et qu'au jour indiqué les parties soient en présence. Les éléments du jugement qui doit intervenir vont être réunis. Nous trouvons d'abord un souvenir du droit romain et le droit pour le demandeur d'interroger son adversaire sur des points de fait qui constituent, non pas le fondement de l'action, mais sa qualité dans le procès. « Il convient bien en aucun cas que li deffen-
« deres répondent as demandes qui li sunt fetes, sans les-
« quelles responses li demandeur ne pot fere certaine demande.»
Dans une action réelle, « je fes demander à Pierre s'il tient
« tout ce que je demande, ou quelo partie il en tient; et s'il

(1) Glossaire, v° *Contremant*. — Beaumanoir, ch. III, § 8, 9, 10.
(2) Beaumanoir, ch. II, § 4.
(3) Pierre de Fontaines, ch. V, § 1, — et ch. VI, § 7.
(4) P. de Font., ch. III, § 1. — Beaum., ch. II, § 34. — Loyzel, règle 45.
(5) P. de Fontaines, ch. IV, § 17 et 1.

» ne veut le dire, il doit être torués en défaute et pot perdre la
» saisine, par le défaute, de ce qu'il tient de la coze. Et s'il dit
» par malice qu'il n'en tient que le moitié.... je dois être mis
» en le saisine de le moitié et maintenir mon plet sor ce qu'il
» dit qu'il en tient. »

N'est-ce pas la décision des lois romaines (1) qui, étendant
ces principes à des cas plus nombreux, après les avoir appliqués d'abord au défendeur qui possède à titre d'héritier,
considéraient comme véridique la déclaration du défendeur,
le soumettaient par sa réponse à un quasi-contrat analogue
à la *litiscontestatio* (2)? institutions de bonne foi par lesquelles
le préteur a voulu « *adstringere eum, qui convenitur ex sua*
» *in judicio responsione, ut vel confitendo vel mentiendo sese*
» *oneret* (3), » et que le moyen âge accepte : « car droit veut
» bien qu'on perde, quant on dit menchonge à essient de ce
» dont on doit dire la vérité (4). »

Dès lors le demandeur est en mesure de former, ordinairement « par voie de dénonciation fete au juge, » la demande
qu'il vient soutenir et « par quoi il requeroit qu'il en feist
» comme bons juges (5). » Dès lors aussi il était en demeure
de motiver et de prouver sa demande; « car demande qui est
» fete et on ne dist nule raison parquoi on le doit avoir,
» ne vaut riens, ne n'l est pas le défenderes tenus à ré-
» pondre (6)... » « Et aussi, en toutes demandes, quelles les
» soient, on doit offrir à prouver la resón c'on met en avant
» s'ele est niée de l'averse partie (7)... »

(1) L. 20, § 1, D. *de Interrog. in jure faciendis.* — L. 80, D. *de
Rei vind.*
(2) L. 11, § 9, D. *de Interrog.*
(3) L. 4, pr., D. *de Interrog.*
(4) Beaumanoir, ch. vi, § 28.
(5) *Eod.*, ch. xxxix, § 12.
(6) *Eod.*, ch. vi, § 3.
(7) *Eod.*, ch. vi, § 5.

— 145 —

En même temps qu'il motive et offre de prouver la demande
intentée, le demandeur doit avec soin la déterminer pour le
défendeur et pour le juge. Circonscrire le procès est une nécessité de la procédure et une de ses raisons d'être. « En cort
» de chrétienté on baille à le partie se demande en écrit.....
» et si baille on toz les erremens du plet et copie dudit as
» témoins ; et si est tout li ples maintenus par écrit. » Mais,
repoussée par l'esprit féodal et par les usages jusqu'alors suivis,
la procédure par écrit était inconnue en cour laie : « Mais voirs
» est por ce que mémore sont escoulouriaus et fort coze seroit
» de retenir si grand plecité de paroles comme il convient en
» moult querèles : li baillis et le justice pot et doit arrester
» brîement en écrit ce sor quoi les parties entendent à avoir
» jugement (1). » Pour rendre la tâche plus facile, Pierre de
Fontaines avait dit que « s'aucuns veult pluseurs resons de de-
» mander mettre avant contre aucun d'une meisme chose il ne
» puet (2) ; » mais, que les droits invoqués soient multiples ou
d'une seule nature, il est certain que devant les juridictions
ecclésiastiques, comme en cour laie, le demandeur lui-même
ou le bailli doit assurer l'avenir du procès par la détermination
de la demande.

Pour les actions réelles, il y a, dans la procédure de ce
temps, une institution qui mérite une mention spéciale ; c'est
celle des vues et monstrées. Elle semble née de la même idée
que l'*ostensio* (3), aveu du vassal, qui, sur les lieux mêmes,
désignait au seigneur l'étendue de la *tenue*. Elle tend et contribue puissamment à la détermination du procès, et n'est autre
chose qu'une exception proposée par le défendeur, « qui, pour
» mieux être instruit à raison de quel fonds ou héritage il était

(1) Beaum., ch. vi, § 15.
(2) Pierre de Fontaines, ch. 24, § 3.
(3) *Ostensio* est dans les monuments une désignation commune à
la monstrée du demandeur et à l'aveu du vassal.

« assigné, requérait que le demandeur fût tenu de lui faire
» voir... comme on dit, *au doigt et à l'œil*, les possessions qu'il
» prétendait revendiquer ou sur lesquelles il prétendait avoir
» quelque droit de censive, rente foncière ou hypothèque (1). »
Nous retrouverons encore cette institution, mais nous en de-
vions dès à présent indiquer le principe, résumé par un judicieux auteur.

Si nous recherchons quel était l'effet de cette détermination
de la demande, nous trouvons en désaccord les auteurs qui
nous guident. Pierre de Fontaines, imbu des souvenirs re-
trouvés du droit romain, impose aux demandes du moyen âge
les règles de la *plus petitio*, et si on demande vingt livres pour
dix, « on en a tele paine que si l'en ne prueve que les dix, où
» ne les a mie.... « on doit « perdre non pas tant seulement
« ce que on demande plus, mès tote la dette (2)...., « On voit
Beaumanoir soutenir au contraire « que s'on voit c'on n'a pas
» bien formé so demande, on le pot amender en quele hore
» c'on veut..... avant que les paroles soient couchiés en juge-
« ment (3). » C'est devancer, dans sa pratique, l'esprit de la
procédure moderne et la règle de Loyzel : « Toutes actions sont
» de bonne foi (4). »

§ 5. — Passant à l'étude des droits du défendeur, nous
voyons Beaumanoir énumérer et définir les exceptions dilatoires, « qui ne servent fors des quercles delaier, » et les péremptoires, qui comprennent les vrais moyens de défense;
« car chacune par soi, mais qu'ele soit prouvée, souffist au
» deffendeur à être délivré de la demande, qui est fete contre

(1) Rodier sur l'art. v du tit. ix de l'ordonnance de 1667, qui
abroge ces exceptions pour quelque cause que ce soit.
(2) Conseil, ch. xxvi, § 2, *passim.*
(3) Beaumanoir, ch. vi, § 21, — et ch. ix, § 10.
(4) Institutes coutumières, règle 690.

» li (1). » — Il nous indique ensuite que, les exceptions dilatoires, le demandeur doit « les dire avant cele qui poeut
» fere lo querèle périr *ou il y aroit renoncé.* » Il nous faut
dès à présent attacher grande importance à la raison qu'il
fournit de cette renonciation présumée, « car li PLET EST ENTAMÉ
» SUR LE TOUT, si ques on ne pot revenir as resons c'on pot avoir
» por le plet delaier. » Il nous faut rappeler ici la décision
d'un auteur qui appartient encore à notre époque, et qui, postérieur d'un siècle, écrit avec une langue juridique plus riche :
« On fet *litiscontestation*, en entamement de plet,..... par ny,
» ou par alléguier fet contraire, et ycelles deux exceptions
» sont péremptoires de canse..... Après ny, ou après ce qu'on
» allègue et propouse fet contraire, hon ne vient à temps à
» dire et à proposer raisons déclinatoires ou dilatoires; car
» après peremptoirés, nulle dilatoire n'a lieu (2). »

Nous devrions peut-être nous arrêter ici et tirer immédiatement les conséquences auxquelles cette analyse nous conduit ;
mais, sans nous arrêter à définir l'une des plus importantes des
exceptions dilatoires, celle proposée pour obtenir jour de
conseil (3), de vue ou d'avisement (4), sans énumérer les règles
de la récusation (5), il nous reste à rappeler un principe qui
avait dans le droit deux conséquences curieuses.

« Ce n'est pas bon ni selon Dieu, que longs ples et grands
» coz soient mis en petite querèle (6); » et pour cela Beauma-

---

(1) Beaumanoir, ch. VII, § 2, 3, 4.

(2) Jean Desmares, décisions 354 et 356.—Son œuvre se place entre l'année 1363 et l'année 1383. — J. Minier, p. 308.

(3) Différence entre Marnier : Conseil de Pierre de Fontaines, p. 24,
n. 1re, et Ducange, cité *loc. eod.*, p. 72, not. *c.*

(4) *Vide* Marnier sur P. de Fontaines, p. 29, note *d* ; — Beaumanoir, ch. IX, § 1, 2, 3.

(5) Beaumanoir, ch. LXVI, § 1 à 8.

(6) *Eod.*, ch. VII, § 17.

noir appliquera le serment décisoire (1) que les habitudes
féodales avaientpresque fait oublier, et posera cette règle « que
« retenue n'a pas lieu en cour laie aussi comme ele a en le
« cort de chrétienté (2). » Cette dernière conséquence explique une doctrine spéciale aux cours féodales, et qui consiste
à dire que celui qui succombe dans une action réelle ou personnelle ne pourra jamais redemander la même chose. « Tout
« fut-il ainsi qu'il le demandât par autres raisons que par celes
« par lesquels il fit sa demande premièrement (3)...... s'il
« n'étoit que nouveaux droits li fust acquis en le coze depuis
« lo jugement. » En discordance avec les lois romaines sur la
causa adjecta (4), répudiant sur ce point leur distinction entre
les actions réelles et personnelles (5), cette solution de Beaumanoir a d'autant plus de droits à notre attention qu'il adopte
leur sentiment sur la *causa superveniens* (6), et qu'elle nous
initie à sa manière, en nous le montrant dominé par cette
pensée « qu'autrement li plet seroient trop longs (7), » et par
la connaissance des besoins de son temps.

Passons sous silence les détails qui nous montrent la prudence avec laquelle les défenses devaient être proposées, le
serment par lequel chacune des parties devait témoigner de
la vérité de ses allégations, institutions d'ordre public, et que
la justice doit exiger (8). Abordons les actes divers auxquels le

(1) Beaumanoir, ch. VII, § 17.
(2) *Eod.*, ch. VII, § 14.
(3) *Eod.*, ch. VI, § 20.
(4) L. 11, § 2; 14, § 2, D. *de Except. rei jud.*
(1) Même loi 14, *eod. titulo.*
(6) L. 18, 19, et *passim, eod. titulo.*
(7) Beaum., ch. IX, § 4.
(8) *Eod.*, ch. VI, § 30, 31. — Ce serait aussi le lieu de parler des
APPLÉGEMENS et CONTR'APPLÉGEMENS. *V.* Beugnot, *sur Beaumanoir*, p. XXVII, et un article approfondi dans le *Glossaire* de Laurière.

magistrat prend part et qui préludent au jugement qu'il va prononcer.

§ 4.—Le caractère de la sentence est d'être obligatoire pour les plaideurs, et, suivant les temps qu'on étudie, on trouve des garanties diverses, et pour ainsi dire bilatérales, qui viennent les rassurer l'une à l'égard de l'autre. Dans Beaumanoir, ce sont les cautions ou *pléges* qui viennent remplir ce rôle. C'était, au moyen âge, une matière importante et une sorte de redevance féodale; il eût été étonnant de ne pas les rencontrer dans la procédure, où ces garanties semblent avoir naturellement une place.

On en rencontrait en effet de deux sortes : la pleigerie de venir en cort, et la pleigerie d'être à droit, suivant les cas, exigées par le juge. La première, sorte de *vadimonium* féodal, n'avait d'autre but que d'assurer la comparution des parties au jour où la cause était remise par la justification des exceptions du défendeur ; la seconde rendait le plège garant de toute la querelle, et non-seulement de la comparution du défendeur, mais encore « de faire tenir ou payer ce qui sera jugé contre celui « qu'il repleigea (1). » Aussi n'était-elle exigée que des plaideurs suspects : « Si les parties ont tendu à fin de recevoir ou « de non recevoir ou autres fins précédans, l'on les doit avant « jugier, et doit chacun donner hostaige de comparoir et ester « à droit.... (2). » C'est la caution *judicatum solvi* du droit moderne, « quand aucun pledè en le cort d'aucun seigneur auquel « il n'est ne hons ne oste (3); » et Pierre de Fontaines nous apprend que, « cil qui tienent éritage ne doivent mie être con- « traint à mètre plege d'être à droit se la querèle n'est de l'aide « œuvre (4). » Souvent ces cautions étaient purement jura-

(1) Beaum., ch. 43, § 35.
(2) Anc. Cout. de Bourgogne, n° 274.
(3) Beaumanoir, ch. 43, § 32.
(4) Conseil de Pierre de Fontaines, ch. vii, § 5.—Loyzel, règle 577. — Chopin, l. 1, art. 15, Coutume d'Anjou. — Art. 90 de la Cout. de Poitou. — Art. 167, C. P. C.

toires, comme disaient les Romains, « car autrement por-
» roient perdre lor droits, li povre qui plege ne porroient
« avoir. »

§ 5.—Les éléments du procès ainsi réunis, le bailli doit veiller
à ce qu'une sentence intervienne. Il peut y arriver de deux
façons différentes : *hors l'assise* directement et sans plet, ou *par
plet ordené* (1). « Il y a aucuns liex la ou on fet les jugemens par
» li bailli et autres liu la u li homes, qui sont homes de fief,
« font les jugemens (2). »

Dans l'une et dans l'autre procédure, il faut que les PAROLES
RECEUES les parties soient APOIÉES A JUGEMENT, expressions auxquelles bientôt correspondront celles d'APPOINTEMENT A DROIT (5).
Les solennités seront moins grandes hors l'assise que devant la
Cour. Le bailli qui juge seul se borne à entendre les parties,
à se faire expliquer la cause : « Aucunes fois les parties pledent
» si mal ordonement que leurs paroles ne poent être apoiées à
» jugement, ne que jugement ne pot être fet sur leurs paroles.
» Et quand li bailli voit ce, il lor doit bien montrer lor error et
» remetre en le droite voie de plet si que droit lor puist être
» fet (4). »

Devant les Cours féodales, le contrat judiciaire est plus so-
lennellement formé : « Li bailli est tenu en le présence des
» homes, *à prendre les paroles de ceux qui pledent*, et doit de-
» mander aux parties s'ils volent ouïr droit selon lor paroles
» et les resons qu'ils ont dites, et s'ils dient : « sire oïl, » li
» bailli doit contraindre li homes qu'ils facent le juge-
» ment (5). »

S'il est curieux de constater ce pouvoir du bailli qui constitue

(1) Beaumanoir, ch. 1er, § 35.
(2) *Eod.*, ch. 1, § 13.
(3) Anc. Cout. de Bourgogne, n° 274.
(4) Beaum., ch. 1, § 22. — *Comp.* P. de Font., ch. XII, § 1.
(5) Beaum., ch. 1, § 13.

la juridiction des chevaliers, d'y signaler l'un des plus puis-
sants moyens de destruction employés contre les institutions
féodales , c'est aussi le point le plus important de cette étude
que de montrer, dans un des actes du bailli, le point de départ
du lien de droit qui donne à la procédure sa vie et au jugement son autorité. Les *paroles* dont il s'agit en ces passages
sont peut-être la narration de la demande et la présentation
des défenses, qui ne sont guère que des plaidoiries, sans formalités sacramentelles (1); mais plus probablement Beaumanoir
entend parler du serment que, d'après les Établissements , les
parties devaient toujours prêter (2).

Dans la langue du xıv⁰ siècle , l'état où le procès se trouve
en ce moment a repris son ancien nom, et Jean Desmares nous
l'a montré. Dans ses récits, Beaumanoir, qui nous raconte un
grand nombre de procès pour appuyer d'un exemple les solu-
tions qu'il donne, dit qu'à ce moment les parties « *sor ce se
mirent en droit* (5); » et c'est l'expression qu'il affectionne.
Quelquefois aussi, comme dans Pierre de Fontaines, *plet est entamé* « quant cleim et respous est faiz par devant la justise de
» le querèle principale. Mès si l'en fet simple requeste seule-
» ment, ou si l'en dit au défendeor par quele reson on li de-
» mande, por ce n'est mie le plet entamé (4). »

§ 6. — Si nous recherchons les effets de cet entamement
du plet, nous en rencontrerons de plusieurs sortes. Tous cependant se rapporteront à la position commune des parties.

Tout ce qui touche aux règles que devra suivre le litige sera
déterminé par le commencement du plet. « Tout cil qui ont

(1) Beaumanoir, ch. vıı, § 21, 22.
(2) *Eod.*, ch. vı, § 31.
(3) *Eod.*, ch. ıı, § 21. — Ch. ıv, § 12.— Ch. vı, § 34.— Ch. vıı,
§ 6. — Surtout 8, § 10 et 11.
(4) Conseil de Pierre de Fontaines, ch. xxv. COMMENT PLEZ EST
ENTAMEZ. — *Comparez* Beaumanoir, ch. ıx, § 1.

« justice eu le comté poent maintenir leur cort, s'il lor plest,
« selon l'ancienne coutume : et s'il lor plest il le poent tenir
« selon l'établissement du roy (1). » Ce qui pouvait avoir de
bien graves conséquences au point de vue des preuves, et notamment en ce qui concerne le gage de bataille, repoussé par
l'établissement.

De même, « si le court d'église s'entremet de jugier d'aucun
« cas dont la connaissance appartient à cort laie, il jugement
« doit ten:r, FORCE QUE LES PARTIES S'Y ASSENTIRENT ET ENTAMÈ-
« RENT LE PLET (2). »

Mais ce n'est pas seulement la compétence du juge qui est
fixée d'une manière irrévocable, c'est encore l'état du procès,
et le défendeur ne peut plus opposer aucune exception dilatoire :
« ce seroit à tort ; car je serois ja alés si avant, qu'il n'y auroit
« fors que d'ouïr les témoins au demandeur. Car LI PLET EST
« ENTAMÉ sor le tout, si ques on ne pot revenir as resons c'on
« peut avoir par le plet délaier (3). » Nous voyons le bailli du
moyen âge faire l'application de ce principe aux jours de vue
que peut obtenir le défendeur. « Ne ce n'est entamement de
« plet que de requerre jor de conseil ne jor de vue ou jor d'a-
« visement, es cas enquix ils doivent être donnés (4). »

Cependant, dans tous ces droits que règle l'entamement de
plet, ne sont pas compris les droits principaux auxquels le jugement est appelé à subvenir. Restent indécis l'attribution des
fruits, la transmissibilité de l'action et les droits particuliers

(1) Beaumanoir, ch. XXXIX, § 21.

(2) Beaumanoir, ch. LXVI, § 8.

(3) Beaumanoir, ch. VII, § 5.—Anc. Cout. de Bourgogne, art. 274.
— Rodière, *Théorie de la compétence*, t. 1, p. 138, sur la pré-
somptior de renonciation aux exceptions contenue dans la *litiscontestatio*.

(4) Beaumanoir, ch. IX, § 1.

au demandeur. Ils se rattachent à un principe indépendant. C'est la demande intentée qui leur sert de point de départ.

« Quant demande est fête à aucun, et il muert, le plet pen-
» dant, on peut sivir les oirs du plet qui fut commenciés contre
» lor devancier, exceptés les cas de crieme (1). » Et comme il
semble qu'à cette époque l'obligation de la caution soit une
obligation personnelle qui ne passe pas à ses héritiers, nous
trouvons une application curieuse de ce principe, que la demande intentée rend l'action transmissible. « Qui plège s'il est
» semons de le plegerie, si que commandemens l'en soit fes
» avant qu'il muire, il convient que ces hoirs réponde de le
» plégerie; car si tost comme il a commandemens de fere
» comme bons pleges, il devient detes de le coze. Mais s'il muert
» avant qu'il en soit trais en cort et que commandemens l'en
» soit fes, li oir ne sunt de rien tenu à respondre de la plegerie
» lor pere, si li peres n'en fit se dete, ou s'il n'en rechut com-
» mandement (2). »

C'est aussi la demande qui, dans une certaine mesure, fixe la
compétence. En matière personnelle, par exemple, « les de-
» mandes qui touchent le cors, ou qui sont por meubles ou
» por catix doivent être demandés par devant le seigneur de
» soz qui cil sont conquant et levant à qui l'on demande. »
La demande fixera la compétence, et le changement de rési-
dence sera sans influence, « si l'ajournement pendant, on va
» conquier et lever soz autrui seigneur (3). »

On voit encore que la demande formée contre un défendeur
oblige éventuellement ce dernier à la restitution des fruits et
arrérages produits par la chose pendant la durée du procès. —
Il s'agit d'un procès continué contre un héritier : celui-ci, « du

(1) Beaumanoir, ch. vi, § 29. — Ch. vii, § 8.
(2) Beaumanoir, ch. xliii, § 4.
(3) Beaumanoir, ch. vi, § 18.

» tans de son devancier ne seroit-il tenus à riens rendre, s'ainsi
» n'étoit que li devanciers en fut sivis à son tams, car s'il en
» étoit sivis et il fut mors le plet pendant, et li hoirs main-
» tenoit le plet et le perdoit : il serait tenus à rendre et de tans
» de son devancier et du siens tans (1). »

Mais que démontre l'existence de ces deux principes auxquels
sont rattachées des conséquences diverses, sinon que, dans cette
procédure rationnelle, créée tout entière par l'intelligence des
baillis aux prises avec les nécessités logiques, se retrouve
la distinction entre la *litiscontestatio* et le lien quasi-contractuel. C'est de ce quasi-contrat, au moment de la demande, que naît pour le défendeur l'obligation de répondre
devant le juge auprès duquel le procès a été complétem-
ment introduit. C'est de ce lien de droit que résulte la
continuation de l'action contre les héritiers, car il a changé
le caractère de l'obligation du défendeur. Elle est devenue une
obligation de la même nature que les autres droits personnels
du défunt, transmissibles activement et passivement à ses héritiers. — C'est enfin dans ce quasi-contrat que le défendeur
puise un droit éventuel aux fruits produits par la chose pendant
la durée du procès.

Nous allons voir cette donnée rationnelle s'obscurcir dans
la période qui va suivre; la renaissance complète du droit romain en sera la cause. On voudra copier une théorie de la contestation en cause sur une théorie retrouvée de la *litiscontestatio*
des lois romaines. Les rédacteurs des ordonnances et des coutumes ne se rendront pas compte des principes que nous avons
expliqués et qui faisaient reporter seulement à la *litiscontestatio*
tous les effets du jugement à intervenir.

(1) Beaumanoir, ch. VII, § 8. — Ch. IX, § 7.

CHAPITRE III.

DE LA CONTESTATION EN CAUSE DANS LA PROCÉDURE COUTUMIÈRE.

Nous avons indiqué quelle fut, au commencement de la période précédente, l'influence des jurisconsultes. Cette influence ne fit que grandir. Leurs études et leurs ouvrages modifièrent profondément la pratique et la jurisprudence coutumières. Eux-mêmes cependant obéissaient à une influence puissante. La renaissance du droit romain, qui avait déjà profondément marqué sa trace dans le Conseil à un ami, li livres de Justice et de Plet, les Établissements de France, devenait plus complète de jour en jour. La combinaison savante des principes, la rigoureuse subtilité des déductions, la langue si riche et si précise de la jurisprudence romaine, avaient charmé les légistes et dominaient leur pratique comme leurs écrits. On pourrait, par les modifications successivement empruntées au droit romain, marquer la longue série de progrès qui a fait du droit antique ps coutumes la législation qui nous régit.

La révolution considérable qui sépare les anciens usages germaniques de la législation à moitié romaine que suit la jurisprudence française depuis la fin du xv⁰ siècle, s'était lentement opérée dans la langue et l'esprit des jurisconsultes. La rédaction officielle des coutumes et les ordonnances de nos rois, œuvres des coutumiers et des praticiens (1), sont depuis in-

(1) Ord. de Montils-les-Tour, art. 125. «.... Que les coutumes, » usages et stiles de tous les pays de notre royaume soient rédigez » et mis en escrit, accordez par les COUSTUMIERS, PRATICIENS et » gens de chacun desdiz états de notre royaume. » — *Influence des commissaires sur la rédaction des coutumes.* V. Minier, p. 679, note 2.

tervenues pour la consacrer. L'ordonnance de Montils-les-Tours, — en avril 1453, avant l'âques (vieux style), — ne peut être considéré comme lui servant de départ, car son exécution ne pouvait être immédiate; mais la fin du xv* siècle et les premières années du xvi* virent cette révolution s'accomplir (1).

La procédure fut particulièrement dominée par elle. « Il était » indispensable de faire une nouvelle période à la fin du xv* ou » commencement du xvi* siècle (2). »

L'ordonnance de 1539, qui peut être considérée, sur la procédure civile, comme la plus importante avant celle de 1667, et le texte des coutumes, s'accordent à rattacher les effets du procès à la CONTESTATION EN CAUSE (3). Nous avons à rechercher la formation de ce rapport, son origine et son influence sur les droits des parties qui plaident.

Dans l'ordonnance de 1667, qui résume et qui reproduit, à quelques détails près, la procédure civile du xvi* et du xvii* siècle, nous voyons l'instance introduite par un *ajournement*. La compétence du sergent par le ministère duquel la signification doit être faite, l'assistance de deux témoins ou *records*, les formalités de la remise de l'exploit et les délais variables de l'assignation sont, dans l'ordonnance et dans ses commentateurs, l'objet d'une profusion de détails qu'il serait inutile de reproduire ici.

Il faut remarquer que non-seulement la comparution en personne des parties cessa d'être obligatoire, mais encore que l'intervention d'un procureur est en général exigée par l'ordonnance. Des défenses et des réponses écrites étaient signifiées de part et d'autre. Les exceptions dilatoires, péremptoires, dé-

(1) Klimrath, *Études sur les coutumes*, ch. 1er.
(2) Klimrath, t. 1, p. 111.
(3) Ordon. de 1539, art. 24, 26. — Ordonnance de 1667, tit xiv. — Cout. de Paris, art. 104. — Cout. de Poitou, art. 392.

climatoires étaient présentées. On procédait aux récusations de
juges et aux revendications de causes, multiples encore dans
cette jurisprudence qui n'a pas dépouillé tout caractère féodal,
et les parties n'avaient plus qu'à comparaître à l'audience,
poursuivie d'ordinaire sur un simple acte par la plus diligente
partie.

Si l'on eût suivi les textes du droit romain pour la procédure
extraordinaire (l. 1, C. *de Litiscontestatione*), l'instance eût été
liée entre les parties du moment où, à l'audience, le juge aurait
commencé à connaître la cause par l'exposé de la demande et
la présentation des défenses. Il n'en était pas ainsi : les praticiens avaient voulu faire de la *litiscontestatio* l'œuvre du juge
lui-même. Imbert, s'inspirant des textes du système formulaire, avait soigneusement distingué la contestation en cause,
œuvre du juge, de la présentation de la demande et des défenses, œuvre des parties. « *Res in judicium deducta non videtur,*
« *si tantum postulatio simplex celebrata sit, vel actionis species*
« *ante judicium reo cognita. Inter litem enim contestatam et*
« *additam actionem permultum interest* (1). » « Les commentateurs des coutumes suivirent tous cette interprétation du premier commentateur de l'ordonnance de 1539, et, lors de la
réformation, la coutume de Paris eut un article spécial pour
déclarer que « la contestation en cause est quand il y a règle-
« ment sur les demandes et défenses des parties, ou bien
« quand le défendeur est défaillant et débouté de défenses. »
(Art. 101 de la Cout. de 1580.)

Il n'entre pas dans notre sujet de rechercher la vérité dans
les questions assez nombreuses qui se sont élevées sur cet article
de la coutume. Peu nous importe, par exemple, de savoir si
l'appointement de venir plaider par avocats a ou non l'effet de

_____

(1) *Institutiones forenses*, liv. 1, ch. XIV, n° 3.

litiscontestation en cause (1). Ce qui est important, c'est de constater qu'en l'absence du défendeur, le juge pouvait procéder à
la contestation en cause : « En toutes actions civiles où il y aura
« deux défauts, sera par vertu du second le défendeur débouté
« de défenses (2). » Toujours un acte du juge pour donner force
obligatoire au jugement qui doit intervenir.

L'ordonnance de 1667, tit. xiv, art. 15, vint sanctionner ces
doctrines. Seulement elle n'avait pas besoin du *débouté de défenses*
contre le défendeur défaillant ; elle avait donné force obligatoire au jugement prononcé contre ce défendeur, sans qu'il fût
besoin de recourir à cette inutile formalité (3).

Nous avons déjà dit que c'est à la contestation en cause que
se rapportent tous les effets du jugement. Il n'y a pour s'en
convaincre qu'à parcourir les textes des ordonnances et les auteurs.

Si, par exemple, on recherche quel principe domine les rapports que nous avons indiqués comme communs aux deux parties, nous voyons « qu'après contestation de la cause, on ne
« peut proposer aucune nullité contre l'assignation (4). »

De même la contestation en cause implique, de la part des
parties, une renonciation aux exceptions qu'elles pourraient
soulever : comme à celles tirées de l'incompétence *ratione
personæ* et à celles particulières à l'ancien droit et fondées
sur les priviléges et *committimus*. Quant aux exceptions
fondées sur l'incompétence du juge *ratione materiæ*, « le par-

(1) Boucheul, art. 392. — Cout. de Poitou. *Contrà*, Carondas,
Responses, liv. vii, 102.
(2) Ordon. de 1539, art. 20 (et Henri III, 1585).
(3) Ordon de 1667, tit. v, *Des congés et défauts*, art. 2.
(4) Despeisses, *de l'Ordre judic.*, tit. 1er, *des Ajournements*,
n° 35. — Bornier, sur *l'Ordonnance*, tit. 11, art. 1er. — *Confé-
rences*, tit. 11, art. 1er, p. 7. — Rodier, *Questions sur l'ordon.*,
p. 16.

» lement de Paris s'arrête beaucoup aux fins de non-recevoir
» prises du consentement des parties en pareil cas (1). »

Par la contestation en cause, les parties ont aussi renoncé à
leurs droits de récusation ; « car les parties, qui ont procédé
» par-devant un juge principalement ordinaire qu'ils con-
» naissent, ayant de lui reçu le jugement ou règlement de
» contestation en cause, elles ont iceluy approuvé et elles ne
» peuvent plus revenir à cette exception (2). »

Si nous étudions les effets de la contestation en cause au
point de vue des droits particuliers du demandeur, nous voyons
qu'à elle seule est accordée la puissance d'interrompre la prescription des actions temporaires, et que, par elle seule, l'action temporaire est perpétuée. « *Actiones quæ morte aut tempore*
» *pereunt, semel inclusæ in judicio salvæ permanent.* » Il y a
» des causes annales lesquelles dans l'an se doivent intenter,
» et si elles sont délaissées et interrompues dans l'an devant
» la contestation en cause, elles périssent comme en retrait
» lignager et cas de saisine et de nouvelleté. » Si la contestation
en cause est intervenue, le procès peut dormir pendant plus
d'une année, « car le plet étois à oir droit et ne dormoit (3). »

C'est surtout en ce qui concerne le droit éventuel acquis par
le demandeur sur les fruits de la chose en litige, qu'il est curieux
de considérer la contestation en cause de la jurisprudence coutumière. Le défendeur de mauvaise foi devra tous les fruits de
la chose; le défendeur de bonne foi ne devra les fruits que du
jour de la contestation en cause. Ce sont les lois romaines que
traduisent les textes et les auteurs. « Il faut néanmoins qu'il ap-

(1) Rodier, *Questions sur l'ordon.* de 1667, tit. VI, art. 1er, question 3. — Tit. XIV, art. 1er, quest. 1.

(2) Carondas, *Responses du droict françois*, liv. IV, 67.

(3) L. 139, D. *de R. J.* — Carondas, *Responses du droict françois*, liv. VII, 02. — Anc. Cout. de Bourgogne, édit. Ch. Giraud,
art. 228.

« paraisse clairement de sa mauvaise foi, et si peu qu'il y a lieu
» d'en douter, il s'en faut tenir à la commune disposition du
» droit, qui n'adjuge les fruits que du jour de la cause contes-
» tée (1). »

Nous avons montré pourquoi, sous le système formulaire, auquel les jurisconsultes coutumiers empruntent leur doctrine,
les effets du procès étaient ramenés à la *litiscontestatio*. L'action
était une concession du préteur. Quand le système extraordinaire
eut fait disparaître cette règle, qui ne devait plus reparaître
dans la procédure, la *litiscontestatio* perdit en grande partie ses
effets, en ce qui concerne les droits particuliers du demandeur.
Son importance comme lien obligatoire ne fut plus guère que
dans les mots (2); et nous avons pu, malgré les apparences, placer à côté d'elle un lien de droit quasi-contractuel, dont les effets
remonteront au *libellus* du demandeur. Après la période barbare et la disparition momentanée d'un lien de droit astreignant
les plaideurs l'un à l'égard de l'autre, nous avons vu le principe du quasi-contrat judiciaire, distinct du plet entamé, vi-
vifier la curieuse procédure du moyen âge.

Dans l'époque qui nous occupe, le droit romain a triomphé
dans la pratique, mais avec exagération. Les jurisconsultes ont
perdu de vue que plusieurs de ces règles avaient été dictées par
des besoins disparus, et que notamment ce moment de la *litiscontestatio* n'avait été choisi que pour répondre aux nécessités
de ce système des formules si admirablement combiné, et qui
reste comme un modèle, mais que nous avons profondément et
rationnellement modifié. — Les coutumiers ont suspendu, par

---

(1) Ordon. de 1539, art. 94.—Bornier, *sur l'ord.* 1667, tit. xviii,
des Complaintes et réintég., art. 4.

(2) Nov. 53, ch. iii. — Sénatus-consulte Juventien. — Constitution d'Arcadius : L. 8, C. Th. *de Diversis rescriptis.* — L. 1re, C.
Quando libellus.

les délais accordés au défendeur, les droits éventuels que le demandeur devait justement acquérir; ils ont créé une procédure artificielle.

———

Nous arrêtons ici ce travail, car s'il est vrai de dire « que le « Code de procédure n'est au fond qu'un remaniement de l'or- « donnance de 1667 (1), » nos législateurs n'ont vu dans la con- testation en cause qu'un rouage inutile; ils l'ont supprimée, et, dans la simplification de l'ordonnance qu'ils nous ont donnée pour Code, on peut retrouver cette idée logique et rationnelle d'un double principe : la position des qualités, dominant cer- tains droits communs aux deux parties en cause, l'état du procès, la renonciation aux exceptions, et, dans une certaine mesure, la compétence du juge; le quasi-contrat judiciaire, in- terrompant la prescription, assurant au demandeur des droits éventuels.

(1) Klimrath, t. i, p. 144.

THÈSES.

DROIT ROMAIN.

1. Théorie de l'acquisition des fruits par le possesseur de bonne foi.

2. Théorie du DIES CB D et de la RÈGLE CATONIENNE.

3. Explication du titre DE OBLIGATIONIBUS ET ACTIONIBUS, Dig., liv. XLIV, tit. VII.

Des lois, 58, D. *de Condictione indebiti*, XII, 6.

7, § 1, D. *Soluto matrimonio*, XXIV, 3.

5, § 2, D. *Commodati vel contrà*, XIII, § VI.

4. Dans le droit de Justinien, les servitudes peuvent-elles être établies par le seul effet des conventions? — Oui.

DROIT CIVIL.

1. L'indignité de succéder résulte-t-elle de plein droit du jugement qui condamne l'héritier pour avoir donné la mort au *de cujus*? — Oui.

2. Lorsqu'une donation de biens présents, faite par contrat de mariage par un époux à son époux, est anéantie par l'application de l'art. 299 C. Nap. à la séparation de corps prononcée contre le donataire, les aliénations consenties par cet époux donataire, avant la demande en séparation, sont-elles révoquées, ou peuvent-elles être maintenues au profit des acquéreurs? — Elles sont révoquées.

3. Les créanciers de la succession, qui ont obtenu la séparation des patrimoines et épuisé les biens héréditaires, sont-ils primés sur les biens propres de l'héritier par les créanciers particuliers de celui-ci? — Non.

4. La femme, soit qu'elle accepte, soit qu'elle renonce, n'exerce son droit de reprises qu'à titre de créancière.

5. L'exception de garantie est-elle divisible? — Oui.

6. La séparation des patrimoines, qui résultait du bénéfice d'inventaire, peut-elle être invoquée par les créanciers héréditaires, même après que l'héritier bénéficiaire est déchu et déclaré héritier pur et simple ? —Non.

PROCÉDURE.

1. Le délai de trente jours qui doit séparer le commandement du procès-verbal de saisie immobilière doit-il recevoir l'augmentation indiquée par l'art. 73 C. pr. civ., lorsque le commandement est signifié à un débiteur domicilié hors de la France continentale?—Non.

2. Les conclusions prises au fond par le défendeur assigné devant le juge de paix suffisent-elles à couvrir l'incompétence résultant de ce que la demande excède, quant à sa valeur, la compétence du juge de paix? — Oui.

3. Pour exercer la réintégrande, faut-il avoir la possession annale?— Non.

DROIT COMMERCIAL.

1. Explication de l'art. 100 C. com.

2. La compétence déterminée par le second paragraphe de l'art. 420 C. pr. civ., pour le cas de concours dans un même lieu de la promesse et de la livraison, s'applique-t-elle au cas d'une lettre de change transmise par voie d'endossement, datée d'un lieu autre que le domicile de l'endosseur et le lieu du payement ?—Non.

11.

DROIT PÉNAL.

1. Le complice doit-il être puni de la même peine que l'auteur principal, quand les causes d'aggravation ou d'atténuation de la peine sont extrinsèques au fait criminel et personnelles à l'auteur principal? — Non.

2. Le condamné à une peine emportant interdiction légale peut-il tester pendant la durée de sa peine? — Oui.

DROIT ADMINISTRATIF.

1. Le lit des rivières non navigables ni flottables est une chose qui n'appartient à personne et dont l'usage est commun à tous. (Art. 714, C. Nap.)

2. L'autorité judiciaire est seule compétente pour statuer sur les questions de domicile et sur celles d'*aptitude personnelle*, desquelles dérive le droit à la jouissance des biens communaux. Au contraire, les contestations qui s'élèvent sur le mode de jouissance, sur l'interprétation des actes, sur la contestation des usages qui l'ont réglé, sont de la compétence administrative.

3. Les lois de 1702 et de 1793 n'ont point investi les communes de la propriété des terres vaines et vagues, à l'égard desquelles un particulier pouvait invoquer un titre légitime d'acquisition; mais elles ont eu pour résultat de leur permettre d'intervertir leur qualité d'usagères de ces terres par une prise de possession ANIMO DOMINI, et d'en prescrire la propriété par trente ans.

TABLE.

———

CHAPITRE III.

DE LA LITIS CONTESTATIO

ET DE LA CONTESTATION EN CAUSE.

PREMIÈRE PARTIE.

DROIT ROMAIN.

DEUXIÈME PARTIE.

Poitiers. — Impr. de A. DUPRÉ, rue de la Mairie, 10.

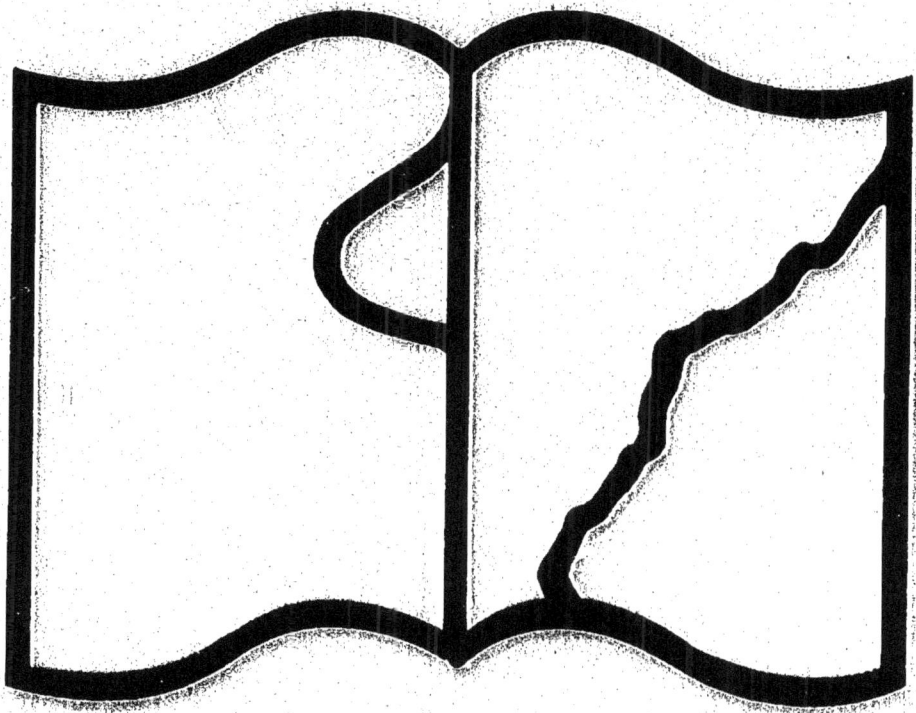

Texte détérioré — reliure défectueuse

NF Z 43-120-11